외국인 친구
사귀면서

공짜로
영어공부
하는 법

외국인 친구 사귀면서 공짜로 영어 공부 하는 법

초판 1쇄 2022년 06월 29일
지은이 주무헌 | **펴낸이** 송영화 | **펴낸곳** 굿위즈덤 | **총괄** 임종익
등록 제 2020-000123호 | **주소** 서울시 마포구 양화로 133 서교타워 711호
전화 02) 322-7803 | **팩스** 02) 6007-1845 | **이메일** gwbooks@hanmail.net
© 주무헌, 굿위즈덤 2022, *Printed in Korea*.

ISBN 979-11-92259-25-3 03190 | **값** 15,000원

놀기만 했는데 어느새 외국인 멘토라니

외국인 친구 사귀면서

공짜로 영어공부 하는 법

주무헌 지음

대한민국은 영어 사교육 열풍이다. 10년 전부터 그래왔고, 지
금도 현재진행형이다. 그러나 영어에 대한 자신감은 아직 높지
않다. 초등학교 3학년부터 고등학교 3학년까지 10년을 영단어,
문법, 독해 학습을 했다. 꾸준히 노력한 결과 대학 전공 서적은
거뜬히 읽을 수 있음에도 불구하고 원어 강의는 기피하려는 현
상이 만연하다. 영어로 발표하는 조별 과제가 있다면 기를 쓰고
발표 역할만큼은 피하려 한다. 원어민들이 다가와 길을 물으면
난처하기 짝이 없다. 도대체 우리는 지금까지 영어가 아니라 무
엇을 공부했단 말인가?

경향신문에서 2013년 7월 21일 자로 발간된 기사가 있다. 5살
부터 중학교 3학년까지 10년간 영어 사교육을 배운 강남의 한

중학생에 관한 보고서다. 이에 따르면 영어 유치원, 조기 유학, 개인 교습 등으로 약 1억 원 가까이 사용한 것으로 나타났다. 그녀는 왜 영어를 배워야 하는지 명확한 목적의식은 없었다. 그저 남들이 다 배우니까 자신도 어쩔 수 없이 따라 하게 되었다고 토로했다. 학교에서 하는 수업은 이미 다 알고 있으니 흥미가 없을 수밖에 없다. 억 단위의 돈을 썼음에도 그녀의 영어 만족감은 0에 수렴하는 듯했다.

10대부터 영어가 언어가 아닌 학습과 시험의 대상으로 전락해 버리니 흥미가 도저히 생길 수 없는 구조다. 군대에 다녀오니 예전 머릿속에 있던 내용은 전부 사라졌고, 다시 수능 영어를 공부했다. 그 당시 1년간은 지루한 문법과 독해 연습의 반복과 반복이었다. 수능을 위해 모든 학습을 두 파트에 집중하려니 고역이 아닐 수 없었다. 반대로 영어를 세상과 소통의 도구로 받아들인다면 어떨까? 나는 이 생각으로 대학에 들어오자마자

외국인 유학생들이랑 친해지기로 마음먹었고, 그들과 자연스레 소통하며 영어를 익힐 수 있었다.

이 책에는 대학생의 관점으로 새내기 시절부터 지금까지 몸으로 느꼈던 영어 학습에 관한 체험과 조언이 담겨 있다. 남들보다 조금 늦은 나이에 대학 진학을 했음에도 영어 만족감을 높일 수 있었다. 더더군다나 돈이 없어 학원에 다니지 못했기에 내 친구를 스승으로 삼았다. 그런데도 나는 세상과 타협하지 않고 현재 주어진 상황에 최선을 다했다. 매일 화상 영어 프로그램에 참여하고 영화 한 편을 학습했다. 가끔 친구들과 만나 도서관 디지털 자료실에서 함께 영화도 보고 감상을 공유했다. 심지어 그들과 함께 여행 중 길을 잃었음에도 괜찮다며 다독여주는 역할도 해봤다. 영어와 친숙해질 수 있는 활동이라면 모조리 다 해보았다. 그러한 경험들이 나에게 쌓이고 쌓여 자신감이라는 토양을 다져주었다고 생각한다.

돌이켜보면 10년간 배웠던 지루한 영어보다 1년간 내가 원해서 직접 발로 뛰며 배운 영어가 더 값어치 있었다. 우리는 누구나 영어를 자신 있게 활용할 권리가 있다. 죽은 영어는 죽은 영어대로 편안히 보내주고 살아 있는 영어를 만나야 한다. 그런 의미에서 이 책을 여러분이 더 넓은 세상으로 도약하기 위한 발판으로 삼았으면 좋겠다.

25년간 나를 키워주고 잘 보살펴주신 아버지, 어머니 감사합니다. 또한 영어를 새로운 시선으로 바라볼 수 있게 해주신 〈애로우잉글리시〉 최재봉대표님 감사합니다. 마지막으로 제 이야기를 책으로 쓸 수 있게 목숨 걸고 코칭해주신 〈한국책쓰기강사양성협회〉 김태광 대표님 감사합니다. 이 책을 세상 밖으로 태어나게 해주신 굿위즈덤 관계자 모두 감사합니다.

목 차

2장 진즉에 이렇게 영어를 했더라면

3장 한 번 익히면 평생가는 영어 공부법

4장 영어 공부의 골든타임은 지금이다

나는 왜
영어를 잘하지
못할까?

아무리
공부해도 이해되지
않는 영문법

나는 어렸을 때부터 비디오를 즐겨 보았다. 가장 오랫동안 봐

왔던 작품은 〈도라 디 익스플로러〉였다. 이 작품은 미국인 소녀

'도라'가 말하는 원숭이 '부츠'와 함께 여행을 떠나는 이야기를

담았다.

본격적으로 여행을 떠나기 전 백팩과 지도가 영어로 노래를

부르면 나도 따라 했다. 중간에 나오는 도둑 '스와이프'가 주인 공을 방해하려 하면 나도 흥분하며 "Swiper no swiping!"을 외 쳤다. 마치 나도 비디오 속 주인공이 된 기분이었다. 그렇게 시 간 가는 줄 모르고 TV를 보니 새벽 3시까지 보게 되었다. 엄마 한테 늦게까지 '도라'에 빠졌다고 혼났지만 거기서 배운 영어 표 현은 머릿속에 남아 있었다.

시간이 흘러 초등학교 3학년이 되었을 때 담임 선생님이 영 화를 많이 틀어주셨다. 아직도 기억나는 작품은 〈마틸다〉, 〈사 운드 오브 뮤직〉, 〈뮬란〉이다. 다른 반 친구들은 자기 바빴지만 나는 끝까지 영화를 지켜보았다. 여러 번 반복해서 보았기에 내 용은 물론 영어도 학습할 수 있었다. 특히 〈사운드 오브 뮤직〉 의 〈도레미송〉은 우리반 전체가 학예회에서 훌륭하게 연기했 다. 담임 선생님은 노래를 잘 부르기 위해선 가사에 담긴 의미 를 충분히 음미할 수 있어야 한다고 하셨다. 그렇게 말씀하시고

외국인 친구 사귀면서 공짜로 영어 공부 하는 법

한 소절씩 해석해주셨는데 왜 이 노래가 유명한지 단번에 알 수 있었다. 15년이 흐른 지금도 그 노래 가사가 생생히 기억난다.

하지만 중학교부터 더 이상 영상물을 통해 영어를 배우지 않았다. 교과서를 한 명씩 한 문장 해석하는 것으로 끝이었다. 해석을 제대로 하지 못하면 선생님에게 지적을 받았다. 그래서 더욱 긴장될 수밖에 없었다. 왜냐하면 나는 영어를 따로 공부하지 않고 즐기면서 배웠기 때문이다.

한번은 내 차례가 되었는데, "we are students who study english."를 해석해야만 했다. 처음 students까지는 그래도 해석할 수 있었지만 who가 왜 나왔는지 이해할 수 없었다. 내가 아는 who는 '누구'라는 뜻인데, 여기선 어떻게 해석할지 몰랐다. 한글 해석 시간에는 그 누구도 입을 열지 않았다. 중간의 who만 없었으면 어떻게든 해석하고 끝낼 수 있었는데 그러지

못했다. 식은땀이 흐르고 머리가 핑핑 돌기 시작했다. 결국 단어의 뜻을 그대로 해석하기로 결정했다.

"우리는 학생이다. 누군가 영어를 공부한다."

해석하고 나서도 무슨 소린지 도통 이해되지 않았다. 그래도 대답을 안 하는 것보다 시도라도 했다고 마음속으로 스스로를 다독였다. 하지만 선생님의 표정은 그렇게 좋지 않았다. 뭔가 이상했다. 나는 제대로 해석을 했다고 생각했는데 그렇지 않은 모양이었다.

"who는 여기서 '누구'라고 해석하는 것이 아니라 앞에 나온 명사를 받아서 수식하는 관계대명사야. 그러니까 뒤에서부터 '~하는'으로 해석하면 된다. 즉, 이 문장을 제대로 해석하면 '우리는 영어를 공부하는 학생들이다.'인 거지, 알겠어?"

얼떨결에 알겠다고 대답했다. 사실 무슨 말인지 하나도 이해하지 못했다. who가 '누구'라는 뜻이 아니라면 도대체 무슨 뜻이란 말인가? 관계대명사는 또 뭐고? 정말 복잡하네. 선생님한테 지적을 받았다는 사실도 까맣게 잊은 채 멍하니 앉아 있었다. 그때부터 영문법의 존재를 알게 되었다. 그동안 당연하게 알고 있던 표현들 중에는 상당수 문법이 포함되어 있었다. 몰랐던 세상을 알게되어 기뻤지만 한편으로 공부해야 할 내용이 늘어난 것 같아 부담으로 다가왔다.

그나마 중학교 영문법 수준은 나에게 큰 부담이 되지 않았다. 문장의 길이도 짧았고 내용도 직관적이었다. 단어도 초등학교 시간에 배웠던 내용과 거의 유사했다. 이 정도면 벼락치기로 시험을 준비해도 문제없을 것만 같았다. 비록 시험이 끝나고 암기한 내용은 전부 잊었지만 성적이 좋았으니 상관없었다. 문제는 고등학교 영어였다.

고등학교에 입학하자마자 전국연합모의고사를 치렀다. 이제 본격적으로 수능을 준비하기 위한 과정에 들어섰다고 느꼈다. 처음 문제지를 펼치는 순간 검정 글씨가 종이에 빼곡하게 들어 있었다. 거기에 주어진 45문제를 70분 안에 풀라니 믿기지 않았다. 단어도 확실히 어려워지고 문장도 난해했다. 서너 줄이나 되는 긴 문장을 한 번에 해석하려고 하면 머리에 쥐가 났다. 거기다 문법 문제는 1번부터 5번까지 주어진 선택지가 모두 맞는 것처럼 느껴졌다. 문법을 왜 이렇게 따지는 건지 도통 이해할 수 없었다. 하는 수없이 4번으로 찍고 다음 문제로 넘어갔다. 더 이상 해석이 틀렸다고 공개적으로 망신을 당하진 않았지만 이제는 시험장에서 시간을 많이 빼앗기게 되었다. 결국 뒤의 열 문제는 풀지 못한 채 시험을 마무리했다. 분명 내가 어렵게 느꼈으니 다른 사람들도 어렵게 받아들여졌을 거라 의심치 않았다.

그렇지만 세상은 넓고 고수는 많다고 했던가. 믿기지 않을 정

도로 등급 커트라인이 높게 형성되었다. 너무 허탈했고 아쉬웠다. 영어만큼은 어렸을 때부터 재미있게 배웠기에 자신이 있었다. 하지만 지금까지 상상도 하지 못한 점수를 받게 되었다. 성적표를 집에 들고 가기 부끄러워졌다. 어쩔 수 없이 사물함에 넣어두고 잊었다.

하지만 거기서 끝이 아니었다. 영어 선생님이 다음 주까지 틀린 문제 전부 분석하여 오답노트에 적어올 것을 숙제로 내주셨다. 여기서 틀린 문제는 모든 문장을 한글로 다시 해석하고 모르는 문법이나 단어는 따로 정리까지 하는 것을 의미했다. 뭘 어디서 시작해야 할지 감이 잡히지 않았다. 하필 뒷부분은 어려운 내용들로 구성되어 있어 정리하는 데 오래 걸렸다.

이때부터 영문법을 본격적으로 공부하기 시작했다. 5형식, 시제, 조동사, 능동태 · 수동태, 동명사, to부정사, 가정법, 관계

사 등등 여러가지 내용이 우수수 쏟아졌다. 이 표현들을 전부 알면 문장 표현이 더욱 풍부해질 것이라는 생각을 했다. 문제는 한국어 설명을 제대로 이해하지 못했다. 예를 들어 한국어에는 과거형밖에 없지만 영어에는 과거형과 더불어 완료형이 있다고 한다. 그런데 이 완료형에 대한 설명이 참으로 난해하다. "과거의 어느 시점에 완료되고 그것이 현재까지 영향을 미치고 있는 상황이다." 이 문장을 이해할 수 없었다.

또한 to부정사는 어떤가. 용법에 따라 명사적 용법, 형용사적 용법, 부사적 용법으로 나뉘는데 각각 뜻이 다 있다는 것도 받아들이기 어려웠다. 마지막으로 문장에 올 수 있는 자리가 있다는 것도 혼란스러웠다. 어떤 단어 뒤에는 형용사가 올 수 없고 부사만 올 수 있고 어떤 녀석 뒤에는 ~ing 형태만 올 수 있다는 등 예외가 너무 많았다. 분명 내가 아는 영어랑 완전 달랐다. 이렇게까지 어렵지도 않았고, 난해하지도 않았다. 하지만 수능 영

어를 빠르고 정확하게 풀기 위해 문법과 단어를 암기할 수밖에 없었다.

한국어 어순에 맞게 해석하려면 우선 문장의 제일 뒷부분을 찾아야 한다. 다음은 문장 전체의 동사로 쓰인 단어를 찾아야 한다. 고등학교 영어 문장은 중학교와 다르게 동사로 쓰인 단어가 둘 이상은 나왔다. 이를 빠르게 가려내기 위해 기계적으로 암기한 문법을 적용해야만 했다. 마지막으로 뒤에서부터 해석을 한다. 중간에 수식구가 생기면 끝나는 부분까지 뒤로 돌아가야 한다. 이런 방식으로는 한국어 문장은 완성될지 몰라도 이해하는 데 엄청난 시간을 소요하게끔 유도한다. 결국 영어를 영어로 대하지 못하고 해독, 문제풀이 과목으로 받아들이니 스트레스가 이만저만 아니었다.

우리는 한국어로 쓰인 문장을 굳이 뒤에서 읽지 않는다. 수능

국어 비문학 지문을 읽을 때 어느 수험생이 마침표를 찾고 진짜 동사를 찾는 행위를 하는가? 어렸을 때부터 앞에서부터 읽는 것이 당연하다고 배웠다. '한국말은 끝까지 들어봐야 한다'는 문장을 앞에서부터 이해하는 것을 전제로 한 말이기 때문이다. 하지만 영어에 한해선 언어 법칙을 거스르는 것이 당연하게 받아들여지고 있다. 정말 아무리 공부해도 이해되지 않는 영문법의 세계다. 결국 나는 영어 공부에 대한 흥미를 점점 잃게 되었고, 고등학교 3학년에 받은 내신 성적은 39점, 7등급이었다.

제 영어가
초등학생
수준이라고요?

흔히 취업이나 대학교 졸업을 위해선 일정 수준 이상의 토익

점수가 요구된다. 반면 해외 유학을 떠나기 위해 토플 점수가

필요하다. 두 시험은 모두 미국 ETS에서 주관하는 시험이지만

시험의 성격이 다르다. 토플은 수험생이 대학에서 영어로 진행

되는 수업을 따라갈 수 있을지 측정하는 시험이다. 그래서 수능

시험에서는 출제되기 어려운 고난도 학술 단어가 빈번히 출제

된다.

나 역시 토플을 준비했었다. 고등학교 2학년까지는 역사, 그 중에서 한국사를 매우 좋아했었다. 중학교 역사 선생님이 특히 설명을 잘해주셨기 때문이었다. 당시 은사님은 스토리텔링 위주의 수업을 진행하셨는데 정말 눈앞에 역사 인물이 자신의 이야기를 설명하는 것처럼 생생했다. 또한 우리 학교는 수학여행으로 경주 유적지를 방문했다. 그때 보았던 유물과 박물관 직원분의 설명이 너무 흥미로웠다. 그렇게 역사 과목은 전교 1등을 놓치지 않을 정도로 열심히 공부했었다.

하지만 계속되는 암기와 망각으로 인해 흥미를 잃게 되었다. '이게 정말 나의 길이 맞을까?', '역사 공부는 재밌지만 전망은 과연 밝을까?' 거듭된 고민 끝에 역사학과로의 진학을 포기하기로 결심했다. 앞으로 어떤 학과에 진학할 것인지 진지하게 고민

했다. 그러나 4년 동안 역사 하나만 바라보고 살아왔기에 대체 학과를 선택하는 것이 어려웠다. 고민하는 시간이 길어질수록 학교 수업과 자습 중 집중도가 확연히 떨어지는 것이 느껴졌다.

그때 내 인생을 송두리째 바꿀 사건이 일어났다. 2학년 2학기에 반에서 일본유학을 준비하던 친구가 처음으로 나에게 말을 걸어왔기 때문이었다. 그의 이야기를 들어보니 명확한 목적과 계획을 가지고 유학에 도전하고 있었다. 그 모습이 내 처지와 대비되었고 방황하던 나에게 한 줄기 대안인 것처럼 느껴졌다. 그 친구와 친해지면서 반년 동안 고민 끝에 유학으로 진로를 틀기로 했다.

일본 대학을 준비하기 위해선 일본유학시험과 더불어 토플 점수가 필요했다. 대학 측에서 따로 영어 시험을 출제하지 않았기 때문이었다. 나는 유학 준비생이었기 때문에 어쩔 수 없이

수능 영어보다 어렵다는 토플을 준비하게 되었다. 독해는 어느 정도 자신이 있었지만 문제는 나머지 전부였다. 혼자서는 도저히 감당이 안 될 정도로 문제 수준이 높았기 때문에 별 수 없이 어학원에 수업을 등록하러 갔다.

첫 토플 수업을 들었을 때 도저히 수업 내용을 따라갈 수 없었다. 그동안 수능에서 봐왔던 어휘나 문제 수준과는 차원이 달랐기 때문이었다. 수능은 어휘 수준이 토플의 그것과는 상대적으로 낮지만 문장을 배배 꼬아둬 해석을 어렵게 한다. 반면 토플은 문장 독해는 편하지만 학술적인 내용이 많아 고등학생의 머리로는 이해할 수가 없었기 때문이었다. 인류학, 생물학 문제가 출제되면 단어 수준이나 해석을 넘어 정보 습득 자체가 불가능했다. 마치 머릿속에 글자가 붕붕 떠다니는 느낌을 받았다.

리스닝은 또 어떤가? 수능 영어 듣기 파일은 길어야 25분이

다. 그마저도 발음이 명확하며 속도 또한 매우 낮다. 게다가 문제를 보면서 청해할 수 있는 점이 매우 큰 장점으로 다가왔다. 반면 토플의 경우 한 문제당 기본 5분이 넘어가기에 집중하지 않으면 문제를 풀지 못하는 경우가 발생한다. 또한 음원을 다 들어야 출제가 되기 때문에 완벽하게 내용 이해를 해야 한다. 성우들의 말하기 속도도 매우 빠르기에 다분히 잘못 들을 여지가 많았다. 노트테이킹을 하려면 내용을 듣지 못했고, 들으려고 손 놓고 있으면 노트테이킹을 하지 못해 세부 사항 문제를 놓치기 쉬웠다. 한마디로 진퇴양난이었다.

스피킹과 라이팅의 경우는 스무 살이 되기까지 전문적으로 준비해본 적이 없었으므로 사실상 기초 수준보다 못한 상황이었다. 내가 쓴 문장이나 대본을 첨삭받을 때 너무 부끄러웠다. 내가 과연 현재 반에 머무를 실력이 되는 건지 스스로 의심이 되었다. 그럼에도 강사 선생님들이 친절하게 내 고민을 들어주

고 동기부여를 해주셔서 끝까지 토플을 손에서 놓지 않을 수 있었다.

하지만 더 큰 냉혹함이 다가왔다. 우리 학원에서는 정규 과정을 끝마치면 1회에 한해 모의토플 응시 기회를 주었다. 선생님들도 모의 성적이 실제 성적과 유사하게 나오기 때문에 필수로 보라고 하셨다. 나 또한 두 달 가까이 학원에서 살다시피 하면서 토플에만 매진했기 때문에 어느 정도 성장했는지 빨리 확인하고 싶었다.

리딩과 리스닝은 예상보다 쉽게 나왔기 때문에 안심이 되었다. 그러나 스피킹 부담이 매우 크게 다가왔다. 아무리 영어로 말하기 연습을 했다고 한들 시험지만 보면 머릿속이 새하얘졌다. 그 당시엔 템플릿으로 어떻게든 말을 만들기 위해 고군분투했음에도 결국 완벽한 답을 내지 못했다. 준비하는 시간은 20

초 남짓이었지만 대답하는 시간은 1분. 리스닝 내용을 이해했어도 이를 말로 옮기기가 어려웠던 관계로 버벅대고 말았다.

아쉬움만을 남긴 채 모의토플 시험이 끝났다. 실제 토플과는 다르게 모든 시험 성적이 바로 공개된다. 다행히 리딩과 리스닝의 성적은 잘 나왔지만 스피킹과 라이팅에서 좋은 결과를 보지 못했다. 피드백을 보니 다음과 같았다. "수험생은 강의와 관련된 정보를 일부 포함하고 있지만, 중대한 언어적 어려움을 보이거나 강의에서나 강의와 읽기 지문을 연결하는 데 중요한 내용이 상당히 누락되거나 부정확하다."

분명 강의 내용을 벗어난 답변을 한 것은 절대 아니었다. 하지만 이렇게 결과가 나온 걸 보니 언어적 어려움을 보이고 있는 것은 확실했다. 말하고 싶은 내용도 잘 떠오르지 않고 문법적인 부분도 신경 쓰지 못했기 때문이었다. 답변 시간이 내 예상 답

변 분량보다 훨씬 길었기 때문에 뭐라도 말하거나 채워 넣어야 했다. 답변 내용도 초중학교 수준의 단어를 사용해서 겨우 답변을 했다. 읽기와 듣기 수준에 맞춰 말하기와 쓰기도 잘 하고 싶었지만 그렇게 되지 못한 점이 너무 아쉬웠다.

20년간 살면서 나는 비대칭 수준의 영어 실력을 얻었다. 독해는 전공 서적의 내용을 이해할 수 있을 정도로 해석하는 데 문제가 없었다. 듣기 또한 천천히 말을 한다는 가정하에 상대방의 말을 캐치할 수 있을 정도였다. 하지만 스피킹과 라이팅 퍼포먼스는 그에 준하지 못했다. 미국 초등학생들이랑 대화한다면 완벽하게 맞장구를 쳐줄 수 있겠지만 그 이상은 솔직히 버겁다. 어떻게 하면 조금 더 영어에 흥미를 붙일 수 있을까? 나도 영어가 모국어였으면 얼마나 좋았을까?

안 들려 안 들려,
너무 빠른
영어 리스닝

한국인들은 주로 CNN 뉴스로 영어 듣기를 공부한다. 현지

미국 발음으로 또박또박 뉴스 내용을 전하기도 하고 시사 상식

도 덤으로 얻어갈 수 있기 때문이다. 또한 미국에서 가장 큰 방

송보도국이기 때문에 자연스럽게 사람들의 관심이 모여들 수밖

에 없다. 이로 인해 CNN 뉴스 청취와 관련된 리스닝 책들도 불

티나게 팔리고 있다. 하지만 처음 CNN 뉴스를 접했을 때 빠른

속도로 흘러가는 대사와 생각보다 익숙하지 않은 미국식 발음으로 인해 아나운서의 말을 제대로 들을 수 없었다.

어째서 이런 일이 발생하는가? AP통신과 CNN 뉴스와 같은 미국 언론사들의 말하기 속도는 분당 150~200단어 정도라고 한다. 모국어를 자유자재로 쓸 수 있는 사람의 평균적인 말하기 속도가 140~160단어라고 하니 생각보다 빠른 편에 속한다. 더군다나 분당 150단어 수준의 말을 듣고 즉시 이해하려면 먼저 그 정도의 속도로 읽기를 할 수 있어야 한다.

발표를 예로 들어보자. 발표자는 발표 전에 미리 대본을 만들어 전하고자 하는 메시지를 미리 체크하고 연습할 수 있다. 어떤 타이밍에 어느 단락을 강조할지, 특별한 행동을 취해야 할 때는 언제인지 등을 확인하려 들 것이다. 하지만 청중은 발표자의 대본을 미리 구해볼 수 없다.

당연히 그 사람이 앞으로 말할 내용을 예측할 수밖에 없다. 여기서 발표를 듣는다는 것은 다르게 말해 발표자가 말하는 내용을 청중의 마음속으로 대본을 작성하는 것과 마찬가지다. 소리를 문자로 즉시 바꿀 수 있는 능력이 갖춰져 있느냐 없느냐에 따라 듣기 실력이 나뉘는 것이다.

위에서 분당 150단어 속도로 말하는 사람의 말을 이해하려면 초당 얼마의 속도로 이해해야 하는가? 초당 2.5 단어의 속도 혹은 0.4초에 1단어를 이해할 수 있는 속도를 내야 한다. 위에서 말한 '즉시'는 0.4초와 같다. 0.4초는 한번 눈을 깜빡하는 데 걸리는 시간이다. 이와 비슷한 시간 안에 1단어를 머릿속에서 무슨 뜻인지 캐치해야 한다는 것이다. 1초에 1단어를 이해하는 사람이라면 이미 1.5단어만큼 뒤처져 있는 것이다. 지금보다 두 배 반 더 빨라져야 원어민 평균 말하기 속도에 도달할 수 있게 되는 것이다.

또한 영어의 소리는 한국어의 소리와 다르다는 것도 염두에 둬야 한다. 한 언어학자의 인터뷰에서 한국어의 주파수는 어느 정도 되는지 물어보았다. 측정 시기마다 다른 결과 값이 나오지만 대부분 500~1,500, 2,000Hz라고 하였다. 그러면 영어의 경우는 어떤지 물어보니 최소 2,000Hz를 기본으로 넘고 최대 10,000Hz까지 이를 수 있다고 했다. 한국인 기준으로 소리가 제대로 안 들리는 이유가 존재했던 것이었다. 2,000Hz를 넘기 시작하면 제대로 캐치할 수 없었던 것이었다.

따라서 소리 연습이 먼저 필요하다. 일단 듣고 고주파에 적응하는 것이다. 그런 다음 이 소리가 무슨 소리인지 파악할 필요가 있다. 이때 주의할 점은 단어를 많이 안다고 해서 들리는 것이 아니다. 한국 사람들도 조사의 생략이나 당연하게 생각되는 주어를 빈번히 생략하는 것처럼 영어 또한 소리가 사라지는 부분이 존재한다.

토플 학원에서 교환학생을 다녀온 선배의 이야기를 들을 수 있는 시간이 있었다. 그들은 어느 정도의 점수를 받고 각기 다른 나라에 다녀왔다. 귀국까지의 여정을 듣고 현지 생활 팁과 더불어 얼마나 영어를 공부할 수 있었는지 알려주었다. 신기한 점은 그렇게 영어 공부를 하고 갔음에도 불구하고 현지인들의 말을 알아듣지 못했다는 점이다. 온라인 영상물이 아닌 실제 목소리를 들어보니 소리가 너무 달랐다는 것이다. 또한 당연하게 여겨지는 부분에 대해서는 생략이 빈번하게 발생했다. 이를 깨닫고 외국인들의 대화에 끼기 위해 각 나라에서 죽기 살기로 공부를 했다는 것이었다.

VOA와 BBC로 공부했다는 사람이 많았다. 적어도 단어의 수준은 높지 않았기 때문이었다. 그들은 단어는 어느 정도 알고 있었지만 빠르기와 소리에 익숙하지 않았던 것이었다. VOA(Voice of America)는 미국의 소리라는 뜻으로, 외국인들

에게 미국의 소리를 들려주기 위해 창립된 언론사다. 현지인들

보다 외국인 맞춤 기사가 많으므로 단어의 수준이 1,500자로 제

한되어 있다. 또한 아나운서의 속도도 현지인 맞춤에 비해 느리

다. 그럼에도 말이 너무 빨라 이해할 수 없었다고 한다. 당연하

다. 영어의 소리와 고주파에 익숙하지 않았기 때문이었다. 그래

서 최대한 많이 듣고 어느 정도 음역대에 익숙해지면 그 때부터

듣기 연습을 했다고 한다.

　일부는 속도 조절하며 듣기 공부했다고 한다. 지금보다 2.5배

나 빨라져야 한다면 누구나 지금부터 배속으로 들으려 하겠지

만, 일부러 배속을 낮춰 천천히 들었다고 한다. 그런 다음 한 바

퀴 다 돌면 0.7, 0.8… 이런 식으로 속도를 높였다. 이후 1배속

이 되면 소리에 익숙해져 있었다. 이후로 증가 폭을 0.25 단위

로 늘려 최종적으로 1.5배속으로 들을 수 있게 되는 것을 목표

로 했다고 한다. 이렇게 공부하니 외국인들의 말이 너무 느리게

들리는 것 같았다고 했다.

들리지 않는 벽이라고 좌절하지 말자. 실패는 성장하기 위한 필수 조건이다. 괴로움, 절망, 좌절을 성장할 기회라고 생각하고 털고 일어나라. 시련을 견디고 일어서는 사람만이 승리자라고 불릴 자격이 있다. '폴 포츠'도 그중 한 사람이다. 그는 영국의 유명 오디션 프로그램 〈브리튼즈 갓 탤런트〉의 초대 우승자다. 그의 특유의 생김새와 어눌한 말투로 인해 어린 시절 좋지 못한 세월을 지내야만 했다. 2003년 그가 맹장염에 걸려 병원에 수술까지 받고 퇴원했지만 재발하여 가니 이번엔 악성 종양이었던 경우도 있었다. 교통사고까지 생겨 더 이상 노래를 하지 못할 수도 있다는 진단을 받기도 했다.

그러나 그는 좌절하지 않았다. 어려움이 있을 때마다 클래식을 들었다. 노래는 그의 유일한 친구이자 동반자이다. 이후 오

페라의 세계에 빠지게 된다. 하루는 그가 휴대전화 판매원 일을 하고 있었다. 검색하다 우연히 영국 오디션 〈브리튼즈 갓 탤런트〉의 지원서를 보게 되었다. 하지만 그의 외모와 성격으로 인해 참가가 고민되었다고 한다. 결국 동전을 던져 앞면이 나오면 참가하기로 했고, 동전은 그의 운명을 바꿔놓았다.

마침내 그가 마이크를 잡을 순간이 왔다. 사람들과 심사위원은 심드렁한 표정을 지었다. 그렇게 반주가 흐르고 첫 소절을 불렀다. 그의 감성적인 목소리와 표정은 사람들의 시선을 고치기에 충분했다.

모든 사람들이 그를 주목했다. 노래 중반에서 절정에 달할 때, 눈물을 흘리는 사람, 기립 박수하는 사람이 속속 나오기 시작했다. 최고의 순간에 달했을 때는 모두가 한마음 한뜻으로 기립박수를 한다. 심사위원들은 만장일치로 그에게 결승행 티켓

을 제공했고 초대 우승자가 탄생하는 순간이었다.

언어의 장벽에 굴복하지 마라. 영어를 배우고 난 이후의 미래를 떠올리며 사는 사람은 당해낼 수 없는 법이다. 지금 당장 리스닝이 되지 않는다고 좌절하지 마라. 양분을 지속적으로 공급받는 나무라고 생각해라. 언젠가는 열매를 맺을 그날을 상상하며 자기 자신을 믿고 달려 나가라.

04

머리로만 이해한
영어는 머리에서
전부 잊는다

2007년 한여름의 어느 날, 열 명의 소년 소녀들이 수영장에

모였다. 아이들은 각자 수영복을 입고 몸을 풀고 있었다. 대부

분의 아이들은 친구들과 장난치며 즐거운 시간을 보내고 있었

다. 반면 한두 아이는 긴장의 끈을 놓지 못하고 있었다. 오늘은

선생님에게 그동안 길러왔던 수영 실력을 점검받는 날이었기

때문이었다. 여기서 좋은 모습을 보이지 않는다면 처음부터 배

워야 한다. 보충수업이라는 명목으로 수영도 하지 못하고 자세 연습만 계속해야 할지도 모른다. 걱정이 가득한 한 아이는 어떻게든 시험에 통과하기 위해 올바른 수영 자세를 담은 동영상을 본다. 또 인터넷에 수영 잘하는 법을 검색하여 이론적인 부분까지 섭렵하려고 한다.

그렇다. 바로 나의 이야기였다. 맥주병이었던 나는 어떻게든 수업을 열심히 들을 수밖에 없었다. 부표를 잡고 레인의 끝까지 가기 위해 수영장뿐만 아니라 집에서도 '공부'를 했다. 부모님에게 호흡은 언제 해야 하는지, 팔을 어떻게 흔들어야 하는지, 물에 빠지지 않으려면 어떻게 해야 하는지를 모조리 물어보았다. 하지만 막상 시험을 치렀을 때는 이 모든 것들이 생각나지 않았다. 단지 내 몸의 감각과 미세한 힘이 나를 앞으로 나아가게 하였다. 절반 정도 갔을 때, 갑자기 내 몸이 물속으로 가라앉는 느낌이 들었다. 다리에 쥐가 나기 시작했기 때문이었다. 지금도

그 당시만을 생각하면 굉장히 아찔하다.

결국 시험은 보기 좋게 망하고 말았다. 다행히 선생님이 잽싸게 나를 건져 올려주셔서 크게 다치진 않았다. 풀장 바깥에 앉으면서 선생님의 말씀을 들었다.

"잘했어. 용기 있게 끝까지 시험을 보려는 너의 모습에 감동했어. 지금 당장은 끝까지 가지 못해 아쉬울지도 몰라. 하지만 실패는 성공의 어머니라잖니. 지금과 같은 상황이 너를 더욱 높이 성장시킬 거야. 기운 내!"

당시에는 알겠다고 했다. 하지만 집으로 가는 버스 안에서 분함이 밀려왔다. '조금만 더 앞으로 가면 도착할 수 있었는데. 다른 친구들은 잘만 테스트를 통과하는데. 내가 연습을 덜 했나? 이럴 줄 알았으면 한번이라도 더 수영연습할 걸.' 갑자기 펑하

고 눈물이 맺히기 시작했다. 물 밖의 기술과 지식은 물속에서 처참히 가라앉았다. 그때부터 이론 공부 10시간보다 실전 경험 1시간이 훨씬 더 소중하다는 점을 깨닫게 되었다. 다음 날부터 물속에서 더 많이 빠졌고 더 많이 헤엄치려 노력했다. 솔직히 말해 물이 두렵고 무서웠다. 나를 잡아먹으려는 느낌이었다. 하지만 그럴수록 물과 친해지려 애를 썼다. 그리고 어느 날, 맥주병에서 탈출했다. 자신감이 붙은 것이다. 결국 두 번째 시험에서 당당히 합격 후 무사히 수료할 수 있었다.

철강왕 카네기와 함께 성공학을 연구했던 나폴레온 힐의 저서 『생각하라! 그러면 부자가 되리라』에 다음과 같은 일화가 나온다. 당시 작가는 그의 다른 저서 『놓치고 싶지 않은 나의 꿈 나의 인생 1』이 출간되고 나서 한 통의 편지를 받는다. 편지는 선 생명보험회사의 세일즈맨인 에드워드 체이스가 보냈던 것이었다.

"저는 『놓치고 싶지 않은 나의 꿈 나의 인생 1』에서 나온 충고를 그대로 따라 했습니다. 그 결과 200만 달러짜리 생명보험 증권을 판매할 수 있는 아이디어를 만들어냈습니다. 그것은 보험업계에서 가장 큰 단일 품목이었습니다."

대부분의 사람들은 작가의 충고가 담긴 책을 읽고 머릿속에 저장한 뒤 그냥 넘긴다. 그리고 세월이 흘러 예전에 읽었던 내용을 잊고 살아간다. 그러나 실제로 저자의 충고를 받아들여 인생에 적용해보는 것은 다른 이야기다. 나폴레온 힐 또한 편지의 핵심은 "저는 책에 나온 충고를 글자 그대로 따라 했습니다."라고 밝혔다. 에드워드 체이스는 다른 사람들처럼 책만 읽고 덮지 않았다. 배운 내용을 삶에 적용시켜보았고, 그것이 수백만에 달하는 사람들과는 다른 결과를 낳았다.

영어 또한 마찬가지다. 우리 머릿속을 거친 영어라면 반드시

바깥으로 꺼내 쓸 수 있어야 한다. 학문으로 대하면 곧 죽은 영어가 된다. 영어를 비롯한 언어는 세상과 자신을 연결시켜주는 고리와 같다. 아직 실력이 부족하다고, 제대로 말을 못할까 봐 부끄럽다고 입을 닫고 있으면 병원 간다. 중국에선 "백견이 불여일행"이라는 표현이 있다. 한국에서도 비슷한 표현이 많이 쓰이는 것처럼 백 번 보는 것보다 한 번 행하는 것이 더 낫다는 의미다. 영어 단어 백 번 보고 암기하는 것보다 한 번 다른 사람들에게 말할 수 있는지 확인하는 것이 더욱 오랫동안 기억에 남는다.

근로장학생으로 근무했을 때 있었던 일이다. 내가 근무했던 곳은 대학원생을 위한 행정 업무를 담당하고 있었다. 대부분 한국인 학생이지만 외국인 학생의 수도 결코 적지 않았다. 대략 열 명 중 세 명은 있었던 것으로 기억한다. 모든 유학생이 다 그런 것은 아니지만 내가 상대했던 사람들은 한국어를 잘 못했다.

당시 나는 가장 낮은 직급이었으므로 자연스럽게 유학생 소통 창구의 역할을 맡게 되었다.

문제는 내가 자리를 비웠을 때였다. 대학 내 설치되어 있는 우체국에 가서 소포를 부치는 일을 맡게 되었다. 우리 사무실에서 우체국까지는 내리막길이기 때문에 걸어서 5분 정도 걸린다. 업무를 보고 나면 가파른 오르막길을 걸어 올라가야 하기에 15분 정도가 걸린다. 그 당시에 우체국에서 대기하던 손님이 많았던 관계로 40분 정도 자리를 비웠다. 별일 없을 거라 생각하고 돌아오니 한 외국인 학생이 선생님과 대화하고 계셨다. 그런데 선생님의 표정에 난감함이 드러나 있었다. 바로 업무를 넘겨받아 무사히 일을 마칠 수 있었다.

유학생을 돌려보내고 나니 방금 전 대화하고 계셨던 선생님이 말을 거셨다.

"무헌 학생, 대단해요. 자리 비웠던 사이에 외국인 학생이 올 줄은 몰랐거든요. 저도 퇴근하고 나서 영어 공부하고 있는데 막상 머릿속으로 배우는 작업만 하다 보니 입이 잘 안 떨어지네요. 영어 잘하는 비결이 있나요?"

"저는 말 못해서 답답한 상황이 너무나도 싫었어요. 우리는 한국어로 빨강을 알고 있고 자유자재로 바꿔가며 말할 수 있잖아요? 하지만 영어로 Red인 것은 누구나 알지만 막상 빨간 색을 표현해야 할 때 즉석에서 떠올라 말할 수 있냐 없냐는 큰 차이가 있습니다. 그래서 저는 최대한 많이 부딪히며 어느 부분에서 말이 안 나왔는지를 체크하고 나중에 보충하는 식으로 연습을 많이 했어요. 일종의 충격 요법인 셈인 거죠. 이런 식으로 학습을 하다 보니 다음에도 비슷한 상황이 왔을 때는 저절로 말이 튀어나올 수 있게 되었습니다."

만약 외국인과 무료로 영어 말하기를 하고 싶다면 '에피소든'

이라는 홈페이지를 추천한다. 이 사이트는 정해진 시간에 열리는 회화 세션에 참여하면 된다. 직접 체험해보니 7분간 세 개 정도의 랜덤 주제가 화면상에 공유된다. 그러면 차례대로 한 명씩 영어로 답변하고 다른 사람들의 대화를 경청하는 식으로 진행된다. 대화 중간에 이탈이 불가능한 점, 대부분 캠과 마이크를 전부 켜는 점, 랜덤 주제가 세 개씩 제공되어 대화가 끊길 이유가 없다는 점이 매력적이었다.

영어 학습은 머리에 지식을 넣는 것에서 시작된다. 하지만 언제까지 인출을 하지 않으면 그대로 썩기 마련이다. 장독대에 넣어둔 김치는 언젠가 꺼내 먹어야 하는 법이다. 이제는 지식과 더불어 아픈 경험도 중요한 공부라 생각하자. 분명 자기 자신을 끌어올릴 좋은 교과서가 될 것이다.

자신감 없이
배우는 영어는
죽은 영어다

심리학 교양 시간에 인상 깊게 들었던 이론이 하나 있다.

1975년 심리학자 마이어와 셀리히만은 실험을 위해 개를 세 집

단으로 나누었다. 모든 집단의 개들은 일정한 공간에 배치되었

다. 첫 번째 그룹의 개들은 단순히 시간만 지나면 풀려났다. 두

번째와 세 번째 그룹의 개들은 전자와 달리 무작위로 전기 충격

을 가했다. 그러나 두 번째 그룹에는 버튼을 누른다면 전기 충

격을 자의로 멈출 수 있게 했다. 반면 마지막 그룹은 버튼을 눌러도 아무런 변화 없이 계속 충격을 주게끔 유도했다. 다르게 말하면 세 번째 그룹은 현재의 고통스러운 상황을 벗어날 방법이 없다.

이후 첫 번째 실험이 끝난 개들을 새로운 공간에 옮겨 같은 실험을 진행했다. 이번에는 모든 개들에게 전기 충격을 끝낼 수 있는 버튼이 제공되었고, 정상적으로 작동했다. 첫 번째 집단의 개와 두 번째 집단의 개들은 빠르게 전기 충격을 끝낼 방법을 찾았다. 반면 마지막 집단의 개들은 다른 두 집단과 달리 충격을 피하려고 하는 시도를 하지도 않은 채 온전히 충격을 인내하고 있었다. 고통스러운 현재 상황에서 벗어날 생각조차 하지 못한 개들은 단지 전기 충격이 끝날 때까지 버티는 것을 선택한 것이다.

이것이 학습된 무기력이다. 서커스 공연을 본 적이 있는가?

관객 입장에서 봤을 땐 아찔한 상황들이 많이 연출된다. 대표적으로 맹수 묘기가 있다. 사자, 호랑이, 곰과 같은 동물들을 눈앞에서 보기만 해도 오금이 저린다. 그러나 능숙한 조련사는 이들을 전혀 무서워하지 않은 채 공연을 진행한다. 공연을 준비하기 위해 맹수들을 조련할 필요가 있었고, 그 때문에 동물들 또한 학습된 무기력을 가지게 된 것이다.

영어도 마찬가지다. 나는 영어를 못한다고 생각하며 현 상황에서 아무런 노력을 하지 않는다면 정말 영어를 못하게 될 것이다. 문제점을 객관적으로 인지하고 해결책을 찾지 않게 되기 때문이다. 처음부터 잘하는 사람은 없다. 요리도, 운동도, 게임도, 심지어 인생도 모든 것이 낯설다. 대부분의 사람은 자신감을 가지고 자기 자신을 발전시키기 위해 많은 노력을 한다. 그러나 외부적인 요인, 예를 들어 환경이나 주변인들에 의해 좌절을 경험할 수도 있다. 어쩌면 자기 자신의 부정적인 경험으로 인해

무기력함에 빠질 수 있다.

이때 중요한 것은 성장을 가로막는 부정적인 요인을 긍정의 신호로 보아야 한다는 점이다. 반대로 장애물 없이, 역경과 고난 없이 파죽지세로 성장하는 것이 오히려 무섭지 않을까? 언제 큰일을 겪을지 모른다는 불안감으로 하루하루를 편안히 보낼 수 없을지도 모른다. 따라서 현재의 무기력함을 잘 기억했다가 미래의 성장 동력으로 사용해야 한다. 그렇게 하기 위해선 자신감이 필수불가결하다.

기억에 남는 영어 과외가 있다. 당시 나는 고등학교 영어 과외는 하지 않았다. 나도 수능 영어를 가르치기엔 아직 그만한 실력을 갖추고 있지 않았다고 생각했기 때문이었다. 하지만 어머니 지인의 아들이 꼭 수능 영어 점수를 높게 받아야 한다는 사정을 듣게 되었다. 어머니와 지인은 어릴 때부터 알고 지냈던

사이로 우리 집도 그분의 도움을 많이 받았다. 항상 이모로 부르며 친하게 지냈기에 거절할 수가 없었다.

오랜만에 과외 학생을 만나보니 5등급을 못 벗어나고 있었던 상태였다. 본인은 열심히 공부하고 있음에도 불구하고 결과가 안 좋게 나오기 때문에 속상하다고 했다. 가끔 운 좋게 3등급을 한번 받으면 매우 기쁘더라도 결국은 다시 원점으로 회귀하니 공부를 포기하려고 했던 참이었다.

지금 와서 생각해보면 그는 학습된 무기력에 빠져 있던 상태였다. 하지만 자신감을 갖고 매사에 임하는 것이 얼마나 중요한지 알고 있다. 나는 그에게 두 가지 핵심 요소를 알려주었다.

'단기간에 성적을 올릴 것'
'어떤 순간이 오더라도 자기 자신을 믿고 끝까지 공부할 것'

성적을 단기간에 끌어 올려 부정적인 생각이 머릿속에 스며들 틈을 주지 않으려고 했다. 또한 주식 투자처럼 어떤 순간이 오더라도 자기 자신의 판단을 믿고 끝까지 가면 높은 수익을 얻을 수 있었던 경험에 비추어 끝까지 공부할 것을 주문했다. 결국 공부에 자신감이 사라지면 면강, 즉 억지로 하는 일이 된다. 이를 피하고자 매일 단어 시험과 지문 해석을 현재보다 두 배가까이 하도록 시켰다. 드디어 성적이 오르는 것을 체험했을 때 '뭉치면 강하다'를 알려주었다. 이전보다 나를 믿고 따르려는 모습이 보였다. 수능까지 자기 자신을 믿고 영어 공부를 계속했고, 마침내 원하는 점수를 받게 되었다.

뉴욕에서 태어난 한 남자가 있다. 그는 별장에서 지내던 중 불의의 사고로 인해 소아마비에 걸리게 되었다. 그 여파로 다리를 제대로 사용할 수 없게 되었다. 절망의 늪이 그의 앞에 드리우고 있었다. 그러나 그는 자기 자신을 믿었고 재활훈련에 들어

갔다. 그리고 믿기지 않는 일이 일어났다. 완벽하진 않지만 혼자서 걸을 수 있는 정도로 상태가 호전된 것이다. 훗날 그는 미국 대통령이 된다. 그는 프랭클린 루스벨트였다. 두 다리를 잃은 절망을 의지력과 믿음으로 극복한 것이었다. 또한 그는 대통령 재임 시절 가장 활발히 활동했던 사람들 중 하나였다.

자신감을 잃으면 잘되는 일도 그르치게 된다. "틀려도 괜찮아, 너는 최선을 다했어."라는 말을 들어본 적이 있는가? 바쁜 일상, 정신적으로 지친 우리들에게 수고했다고 위로하는 말이다. 우리는 가끔 실수를 하거나 틀린 선택을 할 수도 있다고 인정하는 말이다. 하지만 왜 영어와 같은 지식을 습득할 때는 틀리면 안 된다고 생각하는 걸까? 왜 교육이나 지식에 한해서는 완벽함을 추구하는 것일까? 누구나 틀릴 수도 있다. 누구나 모를 수도 있다. 그럴 때마다 수정에 수정을 해서 고치면 된다. 앞으로 더 발전할 것이라는 믿음과 순간순간 자신감이 중요하다.

다이아몬드를 캐려는 두 광부가 있다. 한 광부는 그것들을 독차지하기 위해 다른 사람들보다 더 깊게 굴을 팠다. 하지만 파고 파도 나오는 것은 흙과 돌덩어리였다. 바라던 결과가 나오지 않자 그는 그만 땅을 팠고 돌아갔다. 계속된 무소득으로 인한 의심과 무기력함이 그를 사지로 몰아넣은 것이다. 하루만 더 노력했다면 그토록 원했던 다이아몬드를 손에 넣을 수 있었음에도 불구하고. 또 다른 광부는 적극적으로 땅을 파기 시작했다. 비록 지금은 아무 소득이 없음에도 언젠가는 바라던 결과를 손에 넣을 것이라는 믿음을 가지고 있었다. 그렇게 그는 1년간 끊임없이 땅을 팠고 세상에서 가장 희귀한 보석인 다이아몬드를 얻는 쾌거를 이룩할 수 있었다.

위대한 업적을 일군 혁신은 세상의 조롱과 멸시에도 굴하지 않고 지속적으로 발전을 거듭한 끝에 이루어진다. '어차피 해도 안 될 거야, 아무리 해도 달라지는 게 없어.'라고 끊임없이 생각

하며 자포자기하면 현실이 된다. 자신감을 갖고 영어를 하자.

틀리면 뭐 어떤가. 바로잡을 기회라 생각하고 다시 일어서면 된

다.

2장

진즉에
이렇게 영어를
했더라면

01

호떡 하나를
계기로 시작한
영어 공부

대학교 입학 후 얼마 지나지 않아 겪은 일이다. 나는 본가와 학교가 멀리 떨어져 있어 기숙사에 살았다. 우리 학교는 남자 기숙사가 산 정상에 있다. 그렇기에 대부분 정문에서 걸어 올라 가지 않고 순환버스를 탄다. 나 또한 본가에서 가져온 짐이 많아 버스를 택했다. 정류장에서 버스를 기다리고 있었다. 그날은 유독 배가 고프고 추웠다. 빨리 내 방에 도착해 밥 먹으러 가고

싶었다. 오늘 저녁 메뉴가 전부 마음에 들었기 때문이다.

버스가 도착할 무렵, 내 코를 간질이는 달콤한 향기가 났다. 냄새를 따라가보니 내 뒤에 줄을 서 있던 외국인이었다. 그가 따끈따끈한 호떡을 먹고 있었던 것이다. 당시 너무 배가 고팠기 때문에 어디서 샀는지 물어보고 싶었다. 그러나 그의 외모로 봤을 때 한국어보단 영어로 말을 걸어야 할 것만 같았다. 그가 또 다른 손에 들고 있던 책이 원서였기 때문이다. 간절히 물어보고 싶었는데 말을 어떻게 시작해야 할지 몰라 답답했다. 자기소개를 먼저 하는 것이 맞는지, 아니면 바로 호떡 어디서 샀는지 물어봐도 되는 건지… 혼자 속으로 고민하다 보니 어느새 버스가 왔다. 버스 안에서 물어보기로 결심하고 일단 올라탔다.

다행히 그도 함께 같은 버스에 탔다. 자연스럽게 교통카드를 찍고 타는 모습을 봐서 한국에 막 온 것처럼 보이진 않았다. 그

가 성큼성큼 내 쪽으로 다가오더니 바로 옆에 앉았다. 이것보다 좋은 기회가 없을 것으로 보고 말을 걸 준비를 했다. 그런데 이상하게도 말하고자 하는 단어가 기억나지 않았다. 천천히 생각하면 바로 떠오를 텐데, 머릿속이 새하얘졌다. 온갖 생각이 나기 시작했다. 그동안 영어 공부를 한 것은 무엇을 위한 것이란 말인가. 학창시절 책이 닳도록 문법이랑 독해를 공부했는데 말한마디도 못한다니. 내가 살아온 과정이 전부 부정당하는 느낌이었다. 하지만 당황하고만 있을 순 없어 몰래 번역기를 돌리고 말았다. 하필 번역문을 말하려는 순간 목적지에 도착했다. 어쩔 수 없이 다음을 기약하며 내릴 수밖에 없었다. 좋은 기회가 왔음에도 당당하게 말을 건네지 못한 것이 아쉽고 분했다. 만약 회화 공부를 따로 했다면 결과가 달라졌을까?

우연히도 그 또한 같은 정류장에 내렸다. 마침 일요일 저녁이어서 그런지 주위에는 나랑 그 사람 단 둘밖에 없었다. 이렇게

되면 내가 말을 잘 못해도 전혀 부끄러워할 필요가 없었다. 그냥 이대로 남남으로 살 것인지, 아니면 내 가능성을 선택할 것인지 결정해야만 했다. 왠지 마음속으로 인생을 바꿀 큰 결정이 될 것만 같아 긴장했다. 심호흡을 하고 추측해보았다. '그 또한 나랑 같은 기숙사생일 확률이 크므로, 내가 먼저 방에 가서 짐을 풀고 다시 돌아오는 길에 마주친다면 말을 걸어보자.' 그렇게 생각하니 다리가 자연스럽게 움직이기 시작했다. 호떡은 이미 마음속에서 떠났고 외국인과 영어로 의사소통을 하고 싶은 마음뿐이었다.

헐레벌떡 들어서는 나의 모습에 룸메이트가 깜짝 놀랐다. 자초지종을 물었지만 하나하나 대답할 시간이 없었다. 빨리 돌아가지 않으면 순식간에 사라질지도 모른다. 짐만 빠르게 던지고 바로 다시 나갔다. 다행히도 기숙사 입구 앞의 계단을 타고 올라오고 있었다. 이건 운명이라 직감하고 말을 걸기로 다짐했다.

"실례합니다. 혹시 그 호떡 어디서 사셨는지 알 수 있을까요?"

아무리 외국인에게 말을 걸었을 지라도 여긴 한국이다. 당연히 한국어로 먼저 대화를 시작하는 것이 예의다. 답변을 천천히 기다려보기로 했다. 하지만 한국어에 아직 능통하지 않은 모양이라 어쩔 수 없이 영어를 시작할 수밖에 없었다.

"Do I know you?"(혹시 저 아세요?)

그제야 영어로 자연스럽게 대화하기 시작했다. 먼저 간단하게 자기소개를 하고 정중히 호떡을 어디서 샀는지 물어보았다.

"I bought this on a shop next to the main gate."(정문 옆에 있는 가게에서 샀습니다.)

그런데 신기하게도 한번 말을 시작하고 나니 계속 이어가고 싶었다. 비록 완벽한 의사소통은 아니더라도 어느 정도 말이 통한다는 사실이 흥미로웠다. 그래서 저녁밥을 사겠다는 제안을 먼저 함으로써 서로 친해질 수 있게 되었다.

예전에 즐겨 읽었던 책인 이구치 아카라 작가의 『부자의 사고 빈자의 사고』에서 감명 깊게 읽었던 구절이 생각났다. "부자는 결과적으로 인생을 즐기는 방법이 돈을 버는 아이디어인 경우가 많습니다. 망설여질 때면 반드시 'YES'라고 말합니다. 가능 여부는 나중에 생각하면 됩니다. 또한 부자의 사고방식을 갖춘 사람은 평소에 대인관계를 소중히 해서 뭔가 새로운 일에 흥미가 생기면 이를 도와주는 친구가 늘 곁에 있다는 점도 빠뜨릴 수 없습니다."

내가 먼저 그에게 저녁밥을 사겠다는 제안을 했다고 하더라

도 그가 거절할 수도 있었다. 그럼에도 나는 한번 잡은 기회를 놓치지 않도록 같이 운동을 하자고 제안하거나 영화를 보자고 했을 것이다.

마치 운명과도 같은 기회는 부지불식간에 찾아온다. 그때 여러분이 어떻게 느끼고 행동하느냐에 따라 미래가 크게 요동친다. 나 또한 처음부터 그의 말을 100% 이해하려 하지 않았다. 하지만 변하고자 하는 의지가 1%라도 있으면 사람은 그때부터 바뀌기 시작한다. 나는 그 1%의 가능성을 호떡에서 찾았다. 나와 똑같은 상황이 여러분들에게도 찾아온다고 할 때 어떤 선택을 할 것인가?

공부를 못하는
이유를 종이에 적고
변명해보라

고등학교 첫 여름방학이 지나갔다. 나는 3학년 선배들과 함께 공부를 했기에 이번 9월 모의고사에서 내 실력을 보여줘야만 했다. 특히 반년 동안 수학과 영어 공부를 집중적으로 했다. 수학은 교과서와 문제집을 세 번씩 풀어보는 것으로, 영어는 기출문제지를 풀며 시험에 대비했다. 모의고사 성적은 내신에 반영되지는 않았지만 차후 향학실 인원 선발 시 참고하는 것으로

알려져 있었다. 따라서 다음 학기 상위권 학생이 되기 위해선 두 시험 모두 좋은 결과를 받아야 했다.

시험이 끝나고 성적표를 받았다. 예상과 다르게 비슷한 성적을 받았다. 반년동안 공부했던 노력들이 모두 부정되는 느낌이었다. 도대체 어디서부터 잘못된 걸까. 공부 습관이 바로 잡히지 않았던 걸까? 혹은 시간이 절대적으로 부족했던 것일까? 나로선 도저히 알 수가 없었다. 한동안 슬럼프에 빠져 수업도 자습도 제대로 집중할 수 없었다. 수업 시간에 멍하니 있는 시간이 많아졌다. 자습 시간엔 원인을 분석하느라 공부에 집중할 수 없었다.

그러던 어느 날, 야간자율학습 시간에 부장 선생님이 나를 부르셨다. 도대체 나를 왜 부르셨을까? 괜히 잘못한 느낌이 들어 긴장했다. 이윽고 선생님이 오셨다. 다행히 특별 상담을 위해

부르신 것이었다.

"요즘 공부 잘되어가나? 반년 정도 형님들이랑 함께 공부해 보니 어떻노?"

"제가 집에만 가면 공부에 집중이 안 되는데 선배님들이랑 함께 공부할 수 있어서 저도 집중하게 되고 형들도 저를 보고 동기부여가 되는 느낌이 들어 상부상조하는 것 같습니다."

"그래. 교직 생활 오랫동안 하면서 너처럼 열심히 공부하려는 학생은 별로 못 봤다. 선생님은 너한테 기대가 크다. 꼭 내년엔 향학실에 들어갈 수 있도록 해라이."

"감사합니다. 그런데 요즘 공부에 집중이 안 돼서 문제입니다. 그 친구들보다 더 오랫동안 남아 수학이랑 영어에 시간을 많이 투자했는데도 제자리걸음입니다."

"그래. 내가 너 열심히 공부하는 거 안다. 공부 방법이 혹시 잘못된 거 아니가?"

"그럴지도 모르겠습니다. 하지만 요즘은 그냥 공부하기 싫은 생각도 듭니다. 혹시 슬럼프 탈출할 방법이 없을까요?"

"그렇나? 있어봐라."

이후 자리에 가시더니 오래된 업무노트를 들고 오셨다. 그리고 계속 말을 이어 나가셨다.

"선생님도 업무 진행하다 보면 막히는 부분이 있다. 그럴 때마다 어떻게 해결해야 할지 고민에 고민을 거듭하는데 그때 내가 썼던 방법을 알려줄게."

이른바 '공부를 못하는 이유를 종이에 적어보고 변명하는 전략'이다. 지금 현재 공부가 잘 안된다면 왜 공부가 안 되는지 그 이유를 적어본다. 예를 들어 영어 문제 푸는데 집중이 안 된다고 하면 큰 제목으로 '영어 문제 푸는데 집중이 안 된다.'라고 쓴

다. 그리고 왜 안 되는지 그 이유를 써본다. '글에 모르는 단어가 너무 많아 잘 안 읽히기 때문에, 한국어로도 해석이 안 돼서, 문장이 너무 길어 해석이 난해하기 때문에.' 그리고 변명하자. "모르는 단어가 많으면 단어를 2배로 외울 생각을 해야지!", "긴 문장 해석하는 연습을 해야 하니 문법 공부 더 열심히 해야지.", "해석을 두세 번 더 할 생각하자." 등등 다양한 방법을 쓸 수 있을 것이다.

실제로 이 방법을 사용해서 슬럼프에 탈출할 수 있었다. 긍정적으로 바라보려는 시도, 다음에 더 잘하면 된다와 같은 여유 있는 태도로 공부할 수 있었다.

시간이 지나 토플 공부할 때도 같은 방법을 사용했다. 수능 영어와 다르게 문장 자체의 복잡함은 없었지만 단어와 글의 수준이 현저하게 높아졌기 때문이었다. 즉 읽기에는 편했지만 읽

고 나서 머릿속에 남아 있는 내용이 없었다. 한 번 읽으면 되는 것을 두세 번 읽어야 겨우 눈에 들어왔다. 이는 결국 문제 풀이 시간 부족으로 연결되었다. 어려운 내용 이해로 자신감이 위축되다보니 슬럼프가 찾아오게 되었다. 그 당시 나는 머릿속에 배경지식이 너무 없었다고 판단했다. 특히 이과 계열 관련 글은 한국어로 출제되어도 내용 이해를 못해 문제를 풀지 못했을 것이었다. 따라서 토플 배경지식을 담은 책을 사서 여러 번 반복해 읽었다. 그리고 다시 독해 문제를 풀어보니 이전보다 수월하게 읽혔다. 자신감이 높아졌다고 생각해 원래의 폼을 되찾았다.

듣기의 경우도 처음에는 너무 빨라 아예 문제를 건드리지 못할 수준이었다. 평범한 사람이 속사포로 진행하는 랩을 듣고 가사를 정확히 맞춰야하는 꼴이었다. 심지어 긴 강의의 경우는 7분이 넘어가는 경우도 허다했다. 듣자니 노트테이킹을 못했고 문제는 꼭 신경 쓰지 않았던 부분에서 출제되었다. 열심히 쓰자

니 쓰는 속도보다 성우의 말하기 속도가 더 빨라 필기를 다 적

지도 못했다. 어느 쪽이든 딜레마에 빠지기 마련이었다. 종이에

적어놓고 보니 아직 실력이 부족하다는 결론을 내리게 되었다.

단어 암기와 함께 쉐도잉 연습을 시작했다. 내가 출제진이라 생

각하고, 내가 교수라 생각하고, 내가 회화에서 학생이라 생각하

고 임했다. 처음에는 매우 고역스러웠다. 그래서 0.6배속으로

한 바퀴 돌리고 점점 속도를 높여 반복하다 보니 1.3배속까지

들을 수 있게 되었다.

다만 말하기는 즉각 시작하지 않았다. 말하기 전에 듣기가 가

능해야 한다고 생각했기 때문이었다. 모종의 후행학습인 셈이

다. 그리고 토플 시험은 듣기 이후 말하기 파트가 시작되므로

실전 시험 감각에 맞춰 공부하려는 의도도 있었다. 처음으로 정

배속 리스닝이 가능해졌을 때부터 본격적으로 연습하기 시작했

다. 스피킹에서 고득점을 노리지 않았기 때문에 다른 영역보다

는 노력을 덜 했다. 그럼에도 기본 점수는 받아야 했기 때문에 자신 있는 부분만 공부했다. 또한 시험을 위한 말하기이므로 학원에서 알려준 기본 양식을 지켜가며 차분히 대답하는 연습을 했다.

의외로 라이팅에서 큰 효과를 보았다. 마지막 파트였기도 했고 답을 실시간으로 수정할 수 있었기 때문이었다. 그리고 리스닝이나 리딩에서 실수를 많이 했을 때 점수를 보완할 일종의 보험과 같은 존재였기 때문에 필사적으로 공부했다. 하지만 스피킹과 마찬가지로 영작 경험이 부족했기 때문에 많은 부분에서 어려움을 겪었다. 단어와 문장 표현과 더불어 글을 어떻게 시작하고 끝낼 것인지 여러 부문에서 고민을 많이 했다. 라이팅은 어떻게 하면 글을 더 잘 쓰게 될까를 고민하기 위해 백지 상담을 받았다. 내가 내린 결론은 유튜브에 널린 예시 답안을 보고 문장 구조를 파악하는 것이었다. 단어와 문장만 완벽히 쓴다고

해결될 문제가 아니었다. 앞 문장과 뒷 문장과의 관계가 어색하다면 그 또한 감점 사유였기 때문이었다. 근거로 사용될 문장은 어떻게 시작하고 끝맺음을 맺는지도 파악했다. 제한된 글자 수 내에서 결론 쓰기를 어떻게 진행할 것인지도 파악했다.

공부하다 지치거나 슬럼프에 빠질 때, 혹은 더 열심히 하고 싶지만 방법을 몰라 헤매고 있을 때 백지 상담을 적극 추천한다. 공부를 못하는 이유는 본인이 가장 잘 알기 마련이다. 그리고 그것을 해결할 방법 또한 자기 스스로 찾아야 하는 법이다. 영어 말고도 타 분야 학습에도 사용될 수 있다. 심지어 인생에 관한 물음에도 사용할 수 있다고 생각한다. 인생은 누가 대신 살아주지 않는다. 다른 사람의 목소리나 주장에 의존하려 들지 말고 자기 자신으로부터 나오는 진실된 목소리를 들으려 노력해야 한다. 문제해결능력과 판단력은 앞으로 살아가는 데 중요하게 작용할 것이다. 지금 공부를 매개로 적극 연습해보자.

외국어 성적이
내 진짜 실력이라고
여기지 말자

어느 날 동생이 나에게 이런 질문을 했다.

"형, 외국어를 잘한다는 것은 어느 정도 수준인 거야?"

선뜻 대답하기 어려운 질문이다. 순간적으로 시험 점수 높은

사람이라 대답할 뻔했다. 하지만 그러기엔 어학 점수가 높아도

말 한마디 제대로 못해보는 사람들도 널리고 널렸다. 말하기를 측정하지 않는 시험이라면 더더욱 그런 현상이 많아진다. 이론적인 학습과 실전 언어 사용 능력은 그다지 상관관계가 높지 않다는 연구 결과도 있다. 토익 만점 받는 사람도 영어회화 학원에 다닐 수 있고, 실제로 그런 사람도 많다. 그래서 나는 소신 있게 대답해주었다. "네가 하고 싶은 말이나 메시지를 하나도 빠뜨리지 않고 전달할 수 있는 사람이면 외국어를 잘한다고 볼 수 있지. 다른 사람이 쓴 글이나 강연을 들었을 때 메시지의 핵심을 잘 파악해서 내가 가져가야 할 것이 뭔지 파악할 수 있다면 게임 끝이지."

그렇다. 외국어를 잘한다는 것은 단지 시험을 잘 본다는 것만을 의미하는 것이 아니다. 외국어를 사용해서 인생에 도움이 되는 방향으로 사용할 수 있는가 없는가가 곧 실력이다. 일본어로 된 강연이나 영어 소설을 보고 감동할 수 있는가? 길을 잃어 난

처한 순간에 현지인에게 물어볼 용기가 생기는가? 프랑스어로 쓰인 논문을 보고 그 자료를 참고할 수 있는가? 이외에도 여러 가지 질문이 가능하다. 외국어를 배우는 목적에 따른 숙달의 기준은 개개인마다 전부 다를 수밖에 없다. 그럼에도 불구하고 시험 점수에 일희일비하는 것은 주객이 전도된 것과 마찬가지다.

교양 수업 시간 조별 과제를 위해 카페에 갔었다. 당시 우리 조에 영어를 잘하는 분이 계셨다. 그녀의 아이패드 안에는 수많은 소설과 드라마가 있었다. 그녀의 취미는 로맨스 소설과 드라마 시청이었다. 과제 중 쉬는 시간에 그녀에게 어떻게 영어를 잘하게 됐는지 물어보았다.

처음부터 잘한 것은 아니었다고 한다. 어렸을 때는 한국어 번역판으로 소설을 접했다. 그러나 책이 출간되는 속도보다 더 빨리 책을 다 읽어버리는 바람에 다음 권 출간까지 기다리는 데

지치고 말았다.

그래서 드라마를 보기 시작했다. 마찬가지로 한글 자막을 일일이 구하는 번거로운 작업도 귀찮아졌다고 한다. 결국은 원서나 원판 그대로 보기로 마음을 먹었다. 그녀에게 언어 장벽이 로맨스 소설에 대한 애정을 꺾지는 못했다. 보다가 모르는 내용이 생기면 단어를 열심히 찾았다. 원서는 한 페이지 넘기기 위해선 최소 10분이나 걸렸기 때문에 어느 순간 앞의 내용을 까먹기 일쑤였다고 한다. 그렇게 한 번 끝까지 다 보면 다시 한번 읽었다고 한다. 두 번이나 완독하면 마지막으로 한 번 더 처음부터 정독했다고 한다. 읽는 속도를 높일 필요가 있었다고 말했다. 그렇게 그녀는 한국어 소설을 읽는 것과 다를 바가 없는 실력이 되었다고 한다.

학창 시절 오토바이를 좋아하던 친구가 있었다. 그는 주로 일

본제 오토바이를 좋아했기에 원판 잡지를 구하다 읽었다. 쉬는 시간에 가끔 그 친구를 찾아가면 항상 잡지를 보고 있었다. 하루는 일본어도 잘 하는지 궁금해 물어보았다. 그랬더니 그 친구가 답했다.

"아니, 난 일본어 잘 몰라. 오토바이 그림만 보는 거지. 나중에 어른이 됐을 때 여기 나온 오토바이 타고 질주하는 모습을 상상해."

"그러면 한국어로 쓰인 잡지 보면 되는 거 아냐? 원서 구하는 것도 일이겠는데?"

"아, 이게 번역본이 없어. 어쩔 수 없이 원서 사서 봐야지."

졸업하고 나서 오랜만에 친구와 연락이 닿았다. 당시 그는 일본 대학교에서 교환학생으로 있었다. 이야기를 하다 보니 내가 물어보았던 날 이후로 일본어 기사도 읽고 싶어졌다고 한다. 수

능이 끝나고 본격적으로 일본어를 공부하기 시작했고 그는 그

토록 원하던 기사를 읽을 수 있는 수준까지 올라왔다. 덤으로

수준 높은 일본어도 구사할 수 있게 되었다.

두 경우의 학습 목표는 시험 고득점이 아닌 취미 생활의 연장

이었다. 애초에 자기만족을 위한 공부였기 때문에 시험에 응시

할 필요가 없었다. 그럼으로써 스트레스를 덜 받을 수 있게 되

었다. 순수 동기로 이루어진 행동은 확장성이 큰 편이다. 지금

은 취미 생활을 위해 공부하고 있지만 어느 순간 더 큰 목표, 예

를 들어 유학이나 취업을 생각할 수 있게 되는 것이다. 이를 위

해 시험 점수가 요구된다. 이때 시험을 위한 공부가 아닌 외국

어 공부를 했기 때문에 합격 이후에도 더 많은 활동을 할 수 있

게 된다.

반면 고득점을 위해 문제 푸는 스킬을 단련했다면 어땠을까?

분명 시험은 고득점을 받을 것이다. 그러나 시험 밖의 세상에서 아무 쓸모가 없어진다. 수단이 목적으로 전도되면 생기는 함정이다. 즉 평소에 외국어 공부를 착실히 하고 실력 검증의 목적으로 시험을 치면 고득점을 받을 확률이 높다. 그러나 반대로 시험을 위한 공부에 집중하면 고득점은 받지만 시험 밖 세상에서는 외국어를 다시 배워야 한다. 외국어 시험 점수 잘 받는 비법은 널렸다. 이를 수용하여 시험에 사용하는 것은 학습자의 자유다. 하지만 외국어 실력 그 자체를 늘릴 기회를 앗아가는 것도 알아야 한다.

작은 것을 탐하다 큰 것을 잃는다는 뜻의 소탐대실은 중국 촉나라 왕실에서 비롯된 말이다. 진(秦)나라 혜왕(惠王)은 신하들과 모여 촉(蜀)나라를 공격할 방도를 모색하고 있었다. 그러나 촉나라로 가는 길을 알 수가 없어 전전긍긍하고 있었다. 이때 한 신하가 나서서 제안했다. "촉나라 제후는 본디 물욕이 가득

한 자로, 그의 욕심을 활용하면 대의를 이룰 것입니다." 혜왕은

그 신하의 제안을 받아들였다. 곧바로 그는 신하들에게 돌로 소

를 만들게 하여 그 속을 황금과 비단으로 채워넣게 했다. 또한

그 소가 지나간 자리엔 황금을 두어 '황금을 낳는 소'라는 소문

을 퍼뜨렸다. 마침내 혜왕이 촉나라 제후에게 우호의 예물로 보

내겠다고 전하자, 촉나라는 신하들을 보내 돌로 된 소를 촉나라

성까지 끌고 갔다. 이로써 그들이 그토록 원했던 길을 알게 되

었고 혜왕은 군사를 일으켜 촉을 공격했다. 그 결과 촉나라 제

후는 사로잡히고 촉나라는 패망하였다. 시험이라는 수단에 크

게 신경 쓰다 몸과 마음이 망가지고, 자신감을 잃어 외국어 학

습을 그만두게 되면 그것이야 말로 큰 손실이다.

우리는 인생에서 너무나 많은 시험을 친다. 학생일 때는 내신

과 더불어 모의고사, 그리고 사회로의 첫 발을 내딛는 수능 시

험을 가장 중요하게 여긴다. 대학에 와서도 좋은 기업에 입사

하기 위해 높은 학점 관리와 더불어 자격증과 어학 시험을 친다. 마지막으로 회사에서도 높은 직군으로 승진하기 위한 시험을 친다. 각 시험마다 여러 결과가 있고, 그때마다 일희일비한다. 과연 시험 결과가 나의 전부를 보여주는 지표라고 할 수 있을까? 분명 열심히 공부했음에도 불구하고 당일 컨디션에 따라 성적이 좌지우지 되는 경우가 있다. 그때도 사람들은 컨디션 조절을 못 한 자신을 책망한다. 시험에서 좋은 성적을 못 받으면 사회에서 도태된다는 두려움에 떨기 때문이다. 그러나 시험은 어디까지나 자신의 지식을 올바르게 사용할 수 있는지 알아보는 시스템일 뿐이다. 현실에서는 시험처럼 완벽한 상황이 존재하지 않는 경우도 많다.

누구도 예상하지 못했던 상황이 현실로 다가올 수도 있는 법이다. 이때 시험 점수가 높다고 해서 극한의 상황을 극복할 수 있는 능력이 충분하다고 보증할 수 있을까? 그 사람의 판단과

대응이 인생을 결정하는 법이다. 영어 1등급이라고 인생 1등급

이 아니라는 것을 기억하자. 이 명제가 타당할 확률이 높아지지

만 반드시 그런 것은 아니다.

즐기면서 배워야
지쳐도
계속하게 된다

내 동생은 '영포자'였다. 영어만 보면 머릿속에서 현기증이 난다고 한다. 단어를 외워도 며칠 있으면 금방 잊는 것에 너무 싫증이 난다고 한다. 독해는 왜 이렇게 복잡한 건지 도통 이해할수 없다고 한다. 듣기는 너무 빨라 도저히 집중할 수 없다. 영어공부에 흥미를 전혀 느끼지 못하는 상태였다. 그랬던 그가 크게변했다. 학교 소개 겸 부산 여행을 위해 가족이 내 자취방에 하

루 놀러온 적이 있었다. 함께 학교 캠퍼스를 돌며 소개하고 있

었는데 도서관 앞에서 우연히 독일 친구들을 만나게 되었다. 작

년에는 활발하게 만났지만 최근 바빠져 연락이 뜸해 아쉬웠다.

그랬기에 너무 반가웠다. 즐겁게 안부 인사하고 우리 가족을 소

개한 뒤 다시 헤어졌다. 학교 소개를 마치고 식당에서 이에 대

한 이야기가 나왔다. 외국인 친구를 사귀었다고 했지만 가족이

실제로 본 것은 처음이었기 때문이었다. 특히 동생이 내가 영어

하는 모습을 보고 크게 감동한 눈치였다. 가족들이 집에 돌아가

고 엄마한테 전화가 걸려왔다. 동생이 형의 즐기는 모습을 보고

본인도 영어를 해야겠다는 생각이 들어 영어 학원에 보내달라

고 한다는 소식이었다.

평소에 영어 공부를 하지 않았던 동생이 영어 단어를 외우기

시작했다. 미국 영화나 드라마, 애니메이션 가릴 것 없이 보기

시작했다. 영어에 대한 장벽이 서서히 사라지게 되었다. 이제는

본인이 즐기면서 공부하게 되니 공부 효과가 배가 되었다. 공부하다 지치는 한이 있더라도 형처럼 되고 싶다는 동기가 생기니 계속할 수 있었다고 했다. 평소에는 영어 하위권이었지만 점점 올라오더니 상위권으로 발돋움했다. 최근에는 영어 말하기 대회를 준비 중에 있다. 영어를 통해 세상에 자신의 목소리를 내고 싶은 꿈이 생겼다고 한다.

공자의 『논어』 첫 구절에는 "학이시습지불역열호."라는 말이 있다. "배우고 때때로 익히면 또한 기쁘지 아니한가?" 영어를 배움으로써 얻은 기쁨은 얼마나 즐겁게 배웠느냐에 따라 다르다. 즐기면서 배워야 지쳐도 계속할 수 있는 법이다.

이지해 작가의 『하루10분 놀이영어』에는 다음과 같은 내용이 나온다. "아이들이 가장 잘하고 좋아하는 놀이를 통해 영어 습득이 가능하도록 부모가 도와주어야 한다. 그래야만 아이들에

게 영어는 더 이상 어려운 외국어가 아닌 즐거운 추억으로 남는다. 영어 공부의 처음은 무조건 즐거워야 한다는 것임을 명심하자." 작가는 아이들에게 영어를 처음 가르칠 때도 즐겁게 가르쳐야 함을 일깨워준다. 어른과 다르게 아이는 금방 싫증을 낸다. 그러나 호기심만큼은 더욱 왕성하다. 따라서 그녀는 놀이를 통해 즐기면서 영어에 대한 관심을 유도하는 것이 가장 최고의 교육 전략임을 강조한다. 어른이라고 다를 것이 없다. 인간은 감정에 솔직한 동물이기 때문이다. 영어가 지겹다고 여기면 금방 흥미를 잃고 더 이상 공부하지 않게 된다. 반면 영어 공부에 흥미를 찾았다면 언제 그랬냐는 듯 적극적으로 학습을 하려고 든다.

즐기면서 배우면 좋은 점은 몰입이 가능하다는 점이다. 내 경우 학교에서 만난 외국인 친구들과 재밌게 놀며 국가 간 문화 교류를 하는 것이 그렇게 재미있었다. 내가 모르는 세계를 남이

대신해서 경험했기 때문에 그들의 생각도 함께 파악할 수 있어 일석이조다. 조금이라도 그들과 친해지기 위해 현 상황을 즐기니 영어는 저절로 따라왔다. 그렇게 내적 유대감이 생기니 그들과 함께하는 약속에 전부 참여하게 되었고 영어를 쓸 기회가 더 많아졌다.

하루는 합천 해인사가 있는 가야산 정상에 등산하게 되었다. 친구들에게 밤 8시에 연락이 왔지만 주저할 틈 없이 그 길로 대구행 심야버스에 몸을 실었다. 마치 그날과 그 다음 날은 두 사람의 여행을 책임지는 영어 안내원의 역할에 몰입했다. 산 정상에 이르자 많은 산악회 모임과 가족들이 휴식을 취하고 있었다. 사람들에게 우리 조합은 눈에 띄었다. 이후 하산할 때 운 좋게도 정상에서 만난 사람들이 우리를 알아보았다. 가는 길보다 돌아오는 길이 더욱 힘들었다. 그럼에도 그 두 사람을 책임져야 한다는 의식이 생겨 최대한 그들을 안심시키려 노력했다. 여러

버스와 지하철을 갈아타며 드디어 자취방에 돌아오게 되었다. 그날만큼은 마치 외국인이 자유자재로 영어를 쓰듯 하루 종일 영어를 썼다. 그날의 경험이 내 마음속에 있으니 다음에는 이틀, 그 다음은 일주일과 같은 점진적인 성장 목표를 세울 수 있게 되었다.

손흥민 선수, 그는 한국을 대표하는 축구 선수이다. 그는 축구 실력도 매우 뛰어나지만 독일어와 영어 실력 또한 외국인으로서 수준급에 있다는 점이다. 고등학생 시절부터 독일에 유학을 가 8년 정도 생활했다. 이제 독일어는 매우 수준급으로 구사할 수 있게 되었다. 하지만 2015년 영국 프리미어리그의 토트넘 홋스퍼 FC 팀으로 이적을 결정하였다. 일부 팬들은 그의 이적에 매우 걱정하였다. 독일 문화와 독일어에 완벽 적응한 상태에서 영국이라는 낯선 환경에 다시 시작할 수 있을지 그 귀추에 주목한 것이었다. 놀라운 사실은 손흥민 선수가 영국에서도 빠

르게 문화와 영어를 습득했다는 점이었다. 감독과 팀원의 작전을 이해하기 위해선 영어를 최대한 빨리 습득할 필요가 있었다. 이것이 그에게 있어 동기부여가 되었을 것이다. 또한 세계 최고의 축구 선수라는 자부심과 집념이 그를 더욱 즐기면서 공부하게 했을 것이다. 7년 뒤 현재 그는 프리미어 리그 득점왕을 수상한 최초 아시아인이 되었다.

세계적인 인기를 구가하고 있는 방탄소년단의 멤버 RM은 데뷔 전 평범한 한국 사람과 같았다. 한국에서 정규 교육을 마쳤지만, 어렸을 때부터 미국 드라마 프렌즈를 보았다고 한다. 이때를 시작으로 본격적으로 영어 공부를 한 결과, 그는 현재 방탄소년단의 국외 대변인 역할을 맡고 있다. 그는 끊임없이 영어를 공부하고 있으며 미국 프로그램 인터뷰에서 자신의 의견을 유창하게 전달한다. 동시에 사회자에게 농담까지 자유자재로 사용하는 등 영어를 즐기면서 사용하고 있다.

세계적으로 유명한 마이크로 소프트의 창업주인 빌 게이츠는 하루 16시간을 근무했을 정도로 일을 열심히 했다. 그런 집념은 어디서 나오는 것인지 사람들은 궁금했다. 그의 답변은 다음과 같았다. "피할 수 없는 현실이라면 수용하라. 거기서 얻을 수 있는 즐거움을 최대한 발견해라." 영어 실력을 키우기 위해선 매일 영어 공부를 할 때 그 안에서 즐거움을 찾으려는 노력이 선행되어야 한다는 점이다. 그가 마이크로소프트를 창업하기 전에 매일같이 했던 활동을 즐겼을 것이다. 이러한 경험이 현재의 윈도우를 만들어낸 원동력이 되었다.

내가 먼저 즐거워야 한다. 본인의 태도와 마음가짐이 가장 중요하다. 아이들이 먹기 싫어하는 반찬은 엄마가 아무리 먹이려 들어도 절대 먹지 않으려 기를 쓴다. 먹는 재미가 없기 때문이다. 반대로 아이가 좋아하는 음식은 쥐도 새도 모르게 사라지는 경우도 다반사다. 영어도 마찬가지다. 달면 삼키고 쓰면 뱉는

것처럼 영어가 달콤하다는 인식을 가져야 한다. 지금 당장 영어

에 몰입할 수 없다면 재미를 찾으려 노력해보자. 이왕 영어 공

부를 시작했다면 즐겁게 공부하는 것이 이왕이면 다홍치마다.

공부하다 막히는 순간이 찾아와도 재미있게 공부했던 순간들을

떠올리면 쉽게 포기하지 않게 된다.

05

환경을
영어 공부하는 데
최적화되도록 바꿔라

나는 집에서 공부를 아예 하지 않았다. 집에는 너무나 많은

유혹거리가 있었기 때문이다. 의자 뒤의 침대는 언제든지 나를

꼭 안아줄 준비가 되어 있었다. 또한 컴퓨터로 인강만 듣자고

결심해도 어느새 유튜브를 보고 있었다. 쉬는 시간이라는 명목

으로 영상을 보기 시작하면 벌써 1시간이 지나 있었다. 1시간이

2시간이 되었고 결국 내일로 미루게 되었다. 반면 독서실 혹은

카페에서 공부를 하면 의외로 집중이 잘 되었다. 우선 나를 유혹하는 물건이 보이지 않았기 때문이다. 집에는 침대, 베개, 스마트폰, 노트북 등 여러 물건이 있지만 외출을 하게 되면 그것들이 보이지 않게 된다. 또한 함께 쓰는 공간이어서 사람들에게 내 모습이 노출된다. 공부하지 않고 딴짓하다 남을 의식하게 되면 괜히 부끄러워졌다.

그렇다면 영어공부를 위해 미국으로 가는 것은 어떨까? 미국 이민세관집행국(ICE, U.S. Immigration and Customs Enforcement)에 따르면, 2021년 기준으로 한국은 약 5만 8,000명이 미국 유학 중에 있다. 이는 중국과 인도 다음인 3위에 해당되는 수치다. 옆 나라 일본은 2만 명을 간신히 넘겨 9위에 안착했는데, 일본 인구가 약 1억 2,500만 정도임을 감안하면 한국이 인구대비 유학을 많이 떠난다는 것을 알 수 있다. 이 자료는 미국만을 대상으로 한 통계이므로 기타 영어권 국가들로

범위를 넓히면 그 수치는 더욱 늘어날 것이다.

아무래도 한국은 영어를 제2외국어로 접하기에 학습에 비해 일상생활에서 제한적으로 사용될 수밖에 없다. 수능 영어는 회화를 직접 측정하지 않는다. 대신 대학 논문이나 레포트를 영어로 독해할 능력을 측정하는 것이다. 따라서 회화보다 문법과 독해 공부가 우선될 수밖에 없다. 반면 영어를 주로 쓰는 환경에 노출된다면 어쩔 수 없이 영어를 쓸 수밖에 없으므로 실력이 올라가지 않을까 기대할 수 있다. 뉴스부터 시작해서 마트에 장보기, 학교에서 수업듣기 등 눈 뜨고 다시 감기 전까지 모든 순간에 영어가 사용된다. 변화된 환경에서 살아남기 위해 하루 빨리 영어를 습득할 수밖에 없다는 판단이다.

그렇지만 영어권 국가에 간다고 모두가 실력이 향상되는 것은 아니다. 그 나라의 문화와 정서에 관심을 풍부히 가지고, 따

로 영어 공부를 진행해야 느는 법이다. 그렇지 않다면 한국에서 공부하는 것과 별반 차이가 없게 된다. 내 친구 중에는 독일에서 석사까지 졸업한 후 우리 대학교에서 박사 과정을 밟고 있는 사람이 있다. 앞에서 설명한 호떡으로 친하게 지낸 프랑스 친구의 룸메이트였다. 그는 한국에 온 지 올해로 6년이 지났다고 밝혔다. 한국의 음식이 무엇이 있는지, 대학 주변에는 어떤 곳이 유명한지 나보다 더 잘 알고 있었다. 이 정도 수준이라면 한국어로 일상 소통하는 데는 아무런 문제가 없을 것이라 생각했다.

하지만 그는 너무나 바쁘게 살고 있었다. 박사 과정을 진행하고 있어 한국어를 공부할 시간이 없다고 말했다. 그는 실험이나 레포트를 작성하기 위해 하루의 대부분을 할애하고 있었다. 연구실을 떠나 기숙사로 돌아오면 여유 시간이 1~2시간밖에 남지 않는다고 말했다. 또한 그는 영어로만 진행되는 강의를 수강하고 있었다. 보고서 작성과 발표 또한 모두 영어로 진행되고

있었다. 즉, 그는 한국에 살고 있지만 하루의 대부분을 영어를

사용하며 살아가고 있었다. 음식점에서도 간단한 인사나 감사

표현 정도는 한국어로 능숙하게 표현할 수 있었다. 하지만 복잡

한 표현을 요구하는 상황에서는 어김없이 영어를 사용했다. 나

는 왜 그가 한국에 그렇게 오랫동안 살았어도 한국어가 잘 안되

는 이유를 깨닫게 되었다. 내 친구는 기숙사에 돌아오면 한국어

공부가 아닌 운동을 하고 있었다. 혹은 자신들의 친구와 만나

독일어를 쓰고 있었다. 사실상 한국이 아닌 해외에 거주하고 있

는 것으로 봐도 무방할 정도로 살고 있는 셈이다.

이번에는 중국에서 온 유학생 친구들에 관한 이야기다. 앞에

서 소개한 독일 친구와 마찬가지로 그녀들도 박사 과정을 밟고

있다. 그렇지만 그들의 전공은 외국어로서의 한국어 교육이다.

그렇기에 한국어 수준이 어느 정도 뒷받침되지 않으면 수업에

따라갈 수 없다고 한다. 예를 들어 레포트를 쓰기 위해 한국어

로 적힌 논문을 다량 읽어야 한다. 또한 한국어 교원 양성이 목표이므로 학기 중간에 한국어 수업 실습을 진행한다. 적극적으로 한국어를 사용할 수밖에 없는 상황이다.

나는 그녀들이 어떻게 한국어를 잘하게 되었는지 그 비결에 대해 물었다. 모두 다른 답변을 내놓았지만 공통적으로 한국 문화를 좋아했다. 요즘 유행하는 아이돌 그룹을 포함해서 드라마, 영화, 관광지, 음식 등 문화를 즐겼다. 그 중에는 한국에 오면 꼭 체험해보고 싶은 리스트를 만들어 지금까지 모두 이루었다는 사람도 있었다. 한국에 대한 관심이 한국어 공부로 이어졌던 것이다. 또한 수업을 따라가기 위해 전공 공부 이외에도 따로 팀을 구성하여 함께 한국어 공부를 하고 있었다. 중국어로 서로 의사소통을 할 수 있었음에도 불구하고 그 시간에는 한국어만 사용한다고 한다. 여기에 한국어 말하기 대회나 부산관광 여행 공모전 등 유학생 신분으로 참여할 수 있는 대회에는 적극적으

로 신청한다고 한다.

지금까지 두 경우를 살펴보았다. 두 사람 모두 같은 대학교를 다니고 있음에도 한국어 실력은 천차만별이다. 도대체 왜 이런 차이가 발생하게 된 것일까? 1차로 환경에서 차이를 보였고, 더 나아가 한국어 공부의 필요성과 의지에서 큰 차이가 두드러진 것이 아닐까 생각한다. 따라서 나는 공부 의지가 불타오르는 환경부터 조성하라고 조언한다. 영어를 할 수밖에 없는 상황으로 자신을 집어넣든, 혹은 영어만 공부할 수 있는 공간을 확보해야 한다. 상황에 자신을 몰입하다 보면 어느 순간 발전한 자신을 볼 수 있게 된다.

세계적으로 유명한 한류스타 방탄소년단은 총 일곱 명의 멤버가 활동하고 있다. 그중 랩몬스터(본명 김남준)의 영어 실력이 화제다. 그는 대한민국 서울에서 태어난 평범한 학생이었다.

하지만 어릴 때부터 부모님이 미국 시트콤 〈프렌즈〉를 보게 하였다. 처음에는 한글 자막과 함께 시청하고 전편을 다 보면 영어 자막으로 보았다. 그렇게 두 번을 시청하게 되면 이번에는 자막 없이 보았다고 한다. 그는 해외 체류 기간이 길지 않은 국내파로 알려져 있지만, 외국인들과 소통하는데 크게 문제가 없다. 이를 계기로 현재 수상소감이나 인터뷰에 출연하게 되면 대부분 랩몬스터가 담당하며 전 세계에 방탄소년단을 알리고 있다.

초등학교 3학년 학생이 학교에서 원어민 선생님과 막힘없이 대화를 진행하는 영상이 있다. 다른 친구들은 외국인 선생님 앞에서 수줍음을 느낀다. 반대로 그녀는 유창하게 영어 말하기를 진행한다. 심지어 선생님조차 학생의 발음을 듣고 외국에서 공부하다 온 학생인 줄 알았다. 그러나 그녀는 태어나서 한 번도 해외로 나간 적이 없었다. 알고 보니 부모님이 어렸을 때부터

영어 동화를 자주 읽어주었다. 또한 그녀는 영어에 큰 관심을 갖고 있었다. 집에는 한국어 책보다 영어 비디오나 책이 더욱 많았다. 자연스럽게 그림을 통해 영어 단어와 문장을 익혀나가기 시작했고, 프로그램에 나오는 대사는 대부분 따라 했다고 한다. 이를 통해 한국에서 영어를 완벽하게 익힐 수 있다고 하였다.

나 또한 영어권 국가의 땅을 한 번도 밟아본 적 없는 평범한 대한민국 학생이다. 하지만 나는 나만의 최적화된 영어 공부 환경을 찾았다. 나는 중학생일 때부터 온라인으로 외국인 친구들과 게임을 즐겼다. 처음에는 그들과 의사소통이 잘 안되어 답답했다. 그렇지만 친구들과 더욱 재미난 시간을 보내고 싶다는 의지가 나를 영어 공부하게끔 만들었다. 게임 중에도 하고 싶은 말이 많았지만 다 까먹었다. 하지만 입 밖으로 꺼낼 수 있는 말만이 나의 것이라 생각했다. 부족한 부분이 있다면 게임 도중

간단히 메모한 후 그 상황이 왔을 때 어떻게 말하면 되는지 따로 찾아보기도 했다. 내 표현이 어색한 부분이 있다면 적극적으로 피드백을 요청했고 그대로 수용했다. 이런 식으로 영어를 자연스럽게 접할 수 있는 환경을 조성했고 한층 성장할 수 있는 계기가 되었다.

그렇다면 우리는 영어를 배우기 위해 해외로 나가야 할까? 그렇지 않다. 한국에도 얼마든지 영어 실력을 늘릴 기회가 충분하다. 외국인 친구를 만날 수 없다면 인터넷에서 찾아라. 그것도 불가능하다면 영화나 책을 찾아 여러 번 반복해서 읽을 수 있도록 공부 환경을 바꿔라. 영어와 친숙해질 수밖에 없는 환경을 만들고 공부를 지속적으로 해낼 의지를 쌓아 올려라.

06

외국인 교류 프로그램에
적극적으로
신청하자

우리 학교에는 다양한 국제교류 프로그램이 있다. 예를 들어 부산대학교 국제교류본부에서 주관하는 외국인튜터링과 Buddy 프로그램, 언어교육원의 한국어도우미 등이 있다.

프로그램에 참여하게 되면 기관에서 한국인 학생과 외국인 학생 간 1:1 혹은 1:多로 매칭을 시켜준다. 프로그램마다 다르지

만 참여하면 기본적으로 대학생활 적응과 한국문화 체험을 도와주게 된다. 대부분 활동비를 지급하지만, 어떤 프로그램은 봉사활동이기에 금전적인 보상을 제공하지 않는 경우도 있다. 그럼에도 나는 학기마다 성실히 지원했고 만족스러운 경험을 얻어갈 수 있었다. 도대체 어떻게 그럴 수 있었을까?

첫째는 코로나 시국에 외국인과 교류할 수 있다는 사실에 감사했기 때문이다. 당시 스물세 살의 나는 전역하면 해외여행을 갈 생각이었다. 하지만 불행히도 2020년 2월 하순, 코로나바이러스의 대규모 확산 가능성이 생기고 말았다. 이로 인해 해외여행이 사실상 불가능하게 되었고 머지않아 현실로 나타났다. 좋은 시절을 다 놓쳤다는 생각에 분했다. 그래도 계속 그러고 있을 수만은 없었다. 당장 플랜 B를 고려하기 시작했다. 고민 끝에 한국에 있는 외국인들과 친해져 국내 여행을 하는 것이 가장 낫다는 결론을 내렸다.

문제는 내 계획을 함께 이룰 외국인을 찾는 것이었다. 코로나 시국으로 인해 나와 같은 목적의 외국인 학생을 찾는 것도 어려웠고, 어떻게 관계를 지속적으로 이어나갈 지에 대한 방법도 몰랐다. 또한 갑자기 친구가 사라지거나 문제가 생길 경우 그에 따른 책임은 온전히 나의 몫이었다. 결론적으로 혼자 외국인 친구를 찾으러 동분서주하기엔 시간대비 리스크가 컸다. 다른 방법이 필요했다. 친구에게 물어보고 인터넷 커뮤니티에도 관련 고민을 털어놓았다. 익명의 답변자가 내 상황에 적극 동감했는지 다음과 같은 조언을 해주었다.

"혼자 고생하지 말고 국제교류 부서에 찾아가 관련 프로그램을 신청하면 되지 않을까?" 좋은 생각이었다. 내 시간과 돈을 쓰지 않아도 됐고, 외국인 신청 학생들도 한국 사람들과 함께 교류하고 싶은 마음으로 가득하기 때문이다. 또한 갑자기 친구가 사라지거나 연락이 끊기는 경우 혹은 트러블이 발생할 경우

기관 측에서 중재해줄 수 있기 때문이다.

　실제로 나는 내 룸메이트와 함께 이 프로그램에 참여했다. 친구와 친구의 멘티는 중간고사 전까지 원만하게 활동을 진행했지만 시험이 끝나고 돌연 그 멘티가 사라졌다. 몸이 아픈 것도 아니었고 활동 요일이 바뀐 것도 아니었다. 너무 당황스러웠기에 어찌할 줄 몰라 기관에 연락했다. 알고 보니 그녀는 중간고사 이후 시간이 너무 촉박해 더 이상 활동을 할 수 없는 상황이었다. 어쩔 수 없이 내 친구는 다른 멘티와 함께 남은 일정을 채울 수밖에 없었다.

　다만 주의할 점이 있다. 프로그램 진행 중에는 가급적 한국어로 의사소통을 해야 한다. 외국인으로서 한국어 학습을 위해 먼 길을 온 만큼 그들이 성장할 시간을 주어야 한다. 멘티가 한국어로 말을 잘 이어나가지 못하더라도 최대한 관용을 베풀 필요

가 있다. 혹은 틀린 표현이 있다면 적극적으로 바로 잡아주어야 한다. 가는 말이 고와야 오는 말이 곱다고 하지 않던가. 프로그램 중에는 우리가 한국어 길잡이 역할을 하지만, 활동이 끝나고 영어 공부를 할 때 그 친구들을 적극적으로 이용해야 한다. 좋은 인상을 남겨야 한다.

둘째는 다양한 생각과 문화를 교류하여 세상을 보는 눈이 넓어지기 때문이다. 우리는 왜 영어를 공부해야 할까? 남들은 다 하는 영어 공부, 나만 안 할 수는 없다. 또한 좋은 대학이나 직장에 들어가기 위해 공부한다. 우리는 학생시절부터 수능 영어를 위해 달려왔고 졸업 및 취업을 위해 토익, 토플, 텝스, 오픽 등 여러 공인영어시험을 준비한다.

하지만 이게 무슨 의미인가? 원어민조차 처음 들어보는 영단어와 이해하기 벅찬 문장 구조를 학습하느라 시간을 보낸다. 머

리를 쥐어 뜯어가며 영어와 싸움을 한다. 그러다 겨우 한 문제를 풀면 기쁨을 느낄 시간도 없이 바로 다음 문제로 떠난다. 이래서는 죽은 영어를 공부하는 꼴이다. 대체 누구를 위한 영어 공부란 말인가?

인생을 뒤바꿀 지도 모를 영어를 시험에 국한해서만 쓰는 것은 안타까운 일이다. 이제는 영어로 자신의 생각을 적극적으로 표현해야 하는 시대다. 미국 통계사이트 Statista에 따르면 2021년 약 2억 1,700만 명의 사람이 하루에 트위터를 사용한다고 한다. 같은 기간 페이스북의 경우 무려 19억 명에 달하는 사용자가 있는 것으로 집계되었다. 이렇게 많은 사람들이 자신의 생각을 표현하기 위해 SNS을 사용한다. 국제 공용어인 영어를 사용한다면 단숨에 억 단위 사람들이랑 의견과 문화를 교류할 수 있다. 이런 무궁무진한 기회를 놓칠 것인가? 따라서 외국인과 교류할 수 있는 프로그램에 적극적으로 신청해야 한다. 멘토

인 우리가 멘티에게 한국을 소개하고 학교생활을 돕지만 그 과정에서 우리도 몰랐던 부분을 발견할 수 있다. 전공공부를 가르칠 때 학생 입장에서 보이지 않았던 것들이 보이기도 하고, 학교 근처에 가보지 않은 식당을 발견했을 때의 재미도 발견할 수 있었다. 또한 활동에 부차적으로 진로 계획이나 본국에서의 특별한 경험을 공유하면 시간가는 줄도 몰랐다.

프로그램이 끝나더라도 SNS을 통해 얼마든지 소통이 가능하다. 나는 학기가 끝나고 본국으로 돌아간 프랑스 친구 둘과 아직도 인스타그램을 통해 연락하고 지낸다. 둘 다 외향적인 성격이어서 여행을 적극적으로 다녔다. 그들은 내가 가보지 못한 곳들을 SNS에 공유하고 자신들의 후기를 남긴다. 내가 게시물에 댓글을 남기면 얼마 지나지 않아 연락이 왔다. 이번에는 내가 사진을 찍어 올리면 나 말고도 다른 외국인들이 관심 있게 내 게시물을 보고 댓글을 남겼다. 덤으로 채팅은 기록이 남으니 모

르는 영단어나 표현이 있으면 스스로 찾을 수도 있다.

마지막으로 나도 할 수 있다는 자신감이 생기기 때문이다. 어렸을 때 나는 외국인을 본 적이 별로 없다. 학교에서나 길거리에서나 모두 한국 사람이었기에 영어를 쓸 기회가 없었다. 하지만 대학에 오니 이렇게 많은 유학생들이 있는 줄 몰랐다. 군대를 다녀와 외향적으로 성격이 가꾸어진 나는 그들과 한번 대화해보고 싶었다. 한국에 공부하게 된 계기는 무엇인지, 무슨 공부를 하고 있는지, 부산대학교를 선택한 이유는 무엇인지 등등 꼬리에 꼬리를 물었다. 하지만 이전까지 외국인이랑 대화한 경험이 없었기에 무서웠다. 틀리면 어떡하지, 말을 하다 모르는 표현이나 단어가 나오면 어떡하지 등 잡다한 고민도 동시에 생겼다.

"시작이 반이다."라는 속담도 있지 않은가. 틀려도 괜찮다. 그들의 템포가 빠르면 천천히 말해줄 수 있냐고 정중하게 요청하

면 된다. 우리는 어느 정도 영어 공부를 했기에 단어만 말해도 의사소통이 된다. 중요한 것은 말을 걸었다는 경험을 만드는 것이 중요하다. 작은 승리가 큰 승리로 이어지는 법이다. 외국인과의 대화는 꽤 강렬한 기억으로 남는 경우가 많기에 잠자리에 들기 전 무엇을 잘했고 무엇이 부족했는지 자연히 생각난다.

프로그램에서 만난 멘티라면 더욱 좋다. 공통된 목표를 가지고 만났기에 부담이 덜하다. 대화 소재가 생각이 나지 않아도 기관에서 미션을 주기에 끊임없이 대화할 수 있다. 마지막으로 활동보고서를 작성할 때 스스로를 돌아보게 된다. 어떤 부분에서 멘토 멘티가 좋았던 부분과 아쉬웠던 부분, 느낀 점, 활동 내용을 생각하다 보면 자연히 발전할 기회를 잡을 수 있다. 인간적인 성숙과 더불어 외국어 공부 의지도 끓어오른다.

영어를 포함한 모든 언어는 타인과의 의사소통을 위한 도구

임을 잊지 마라. 사람은 혼자 살아갈 수 없다. 자신의 생각을 나누고, 옳고 그름을 따짐을 통해 세상을 보는 눈을 키워야 한다. 사람이 많은 곳에 기회가 많이 있다는 말을 항상 기억하라.

그들이 사용하는
단어나 표현을
계속 모방하라

우리는 어떻게 한국어를 배웠을까? 아이는 사실 부모의 행동과 모습을 크게 따라하려는 경향이 있다. 아이의 부모를 포함해서 주변에 발생하는 모든 것을 수용하고 흉내내려는 모습을 보인다. 행복한 표정을 짓는 모습을 보이면 아이도 따라서 웃으려한다. 반대로 슬픈 표정이나 무서운 표정을 지으면 아이는 겁에 질리거나 울기 시작한다. 마찬가지로 아이에게 계속 말을 건다.

아이는 들리는 소리를 기억하고 저장한다. 어느 지점에 다다르면 말을 하기 시작한다.

영어를 배우는 과정이 이와 별반 다르지 않다. 외국인들이 주로 사용하는 단어나 표현을 계속 모방하는 것이다. 영어 공부를 어떻게 하냐는 질문에 계속 듣다 보면 언젠간 귀가 열린다는 답변을 한 번쯤은 들은 적이 있을 것이다. 같은 내용을 10번 100번 반복하면 마음속의 대본이 하나 완성된다. 완벽히 청해한 듣기 파일은 리스닝 실력에 큰 영향을 준다. 이미 일정 수준의 학습이 진행됐기 때문에 모르는 단어나 잘 들리지 않는 단어를 줄일 수 있기 때문이다.

심리학자이자 언어교육가 크리스 론데일은 TED 강연에서 외국어 습득의 5가지 원리를 제시한다. "원어민을 따라하고 흉내를 내는 것이 중요하다. 그들이 말을 할 때 얼굴을 관찰하라. 어

떤 모습으로 말을 하는지, 입 모양은 어떤지, 동작은 어떻게 취하는지 확인하라. 그리고 그것을 따라 하고 말하면 어느 순간 외국어를 잘하게 된다." 영어는 따라 하면서 잘하기 시작한다는 것을 명심해야 한다. 원어민의 말을 흉내낼 때 반드시 입으로 소리 내어 따라 하는 것이 좋다.

『살면서 포기해야 할 것은 없다』의 저자 김수림은 귀가 들리지 않지만 4개 국어를 구사할 수 있다. 그녀는 6살 때부터 청력을 잃은 채로 성장했다. 그러나 그녀는 절대 포기하지 않고 오히려 강력한 기회로 만들었다. 그녀는 "비록 저는 듣지 못하지만, 청각장애인이 되기 전에 들었던 소리를 계속 떠올리며 말을 할 수 있습니다. 저는 입술을 읽음으로써 사람들이 무슨 말을 하려는지 이해할 수 있게 되었습니다."라고 말했다.

또한 그녀는 언어를 배울 때도 남달랐다. 선생님의 입술, 혀,

치아 그리고 목을 만지며 어떻게 소리가 나는지 깨닫게 되었다. 그리고 최대한 흉내를 내기 위해 매일 4시간씩 단어 말하기를 진행했다. 그렇게 그녀는 6개월 만에 영어를 완벽히 구사할 수 있게 되었다. 그녀의 인터뷰에서 이렇게 말했다. "반년 만에 영어를 마스터했다니 너무 짧은 것이 아닌가하고 생각이 들 수 있습니다. 그러나 저는 3,500시간 동안 흉내내기를 진행했습니다. 그래도 짧은가요?"

『나의 123 영어 공부』의 저자 이성주도 비슷한 경험을 했다. 그는 북한에서 넘어온 주민이다. 그는 중학생 때 전교 꼴찌였다. 그러나 영어를 잘해야겠다는 생각이 들어 영어를 가르쳐주었던 원어민 선생님을 찾아갔다. 무작정 말을 걸었고 그런 배움에 열의가 있는 모습에 선생님은 애니메이션으로 학습할 것을 조언했다. 그러면서 그는 선생님의 말하는 모습을 적극적으로 흉내냈다. 이른바 '앵무새 전략'이다. 학창 시절 치열하게 학습

한 결과로 그는 미 국무성 장학생으로 선발되기도 했고 캐나다에서 영어 연설도 할 수 있게 되었다.

마음속의 롤 모델을 찾는 것도 하나의 방법이다. 멀리 갈 필요 없이 나는 내 친구들의 모습을 롤 모델로 삼았다. 이때 확실한 목표 의식을 가지는 것이 중요하다. 그들과 함께 지내며 자연스럽게 영어가 나오는 모습을 계속 상상했다. 호흡하는 모습, 시선 처리, 발음, 단어 사용 등 원어민 그 자체가 되기로 했다. 이를 위해 거울을 보며 수없이 많이 내가 말하는 모습을 지켜보았다. 처음에는 부끄러웠지만 목표를 세운 한 끝까지 진행하기로 마음먹었다. 집 밖에서는 청소기로, 집에서는 거울의 역할을 하며 1년 동안 그렇게 해보니 제법 영어가 나오기 시작했다.

영화 속 주인공을 따라 해보는 것은 어떤가? 신왕국 저자의 『근데, 영화 한 편 씹어먹어 봤니?』에 따르면 그는 고등학생 시

절 큰 싸움에 휘말리며 자퇴하게 된다. 이때 그는 영어 공부의 필요성을 느끼게 되었고 6개월 만에 영어를 한국어처럼 듣고 1년 만에 원어민도 인정할 만큼 영어를 말할 수 있게 되었다고 한다. 어떻게 그렇게 할 수 있었을까? 영화에 나오는 주인공들의 대사를 모조리 외웠던 것이다. 라푼젤, 타이타닉을 음성만 들어도 자동으로 그 모습을 상상할 수 있을 정도로 반복했다. 처음에는 안 들리는 표현들이 많았지만 반복하다 보니 대사가 점차 또렷하게 들리게 되었다고 한다. 이후 다른 영화들을 자막 없이 볼 수 있게 되었다고 한다. 등장인물의 대사가 일상생활에서도 무심결에 나올 정도로 공부했다고 한다. 다만 주의할 필요가 있는 점이 있다. 등장인물의 대사를 혼잣말로 읊는 것이기 때문에 주변 사람들에게 오해를 살 가능성이 다분하다. 따라서 집에서 하든 밖에서 하든 주변 사람에게 쉐도잉 연습을 하고 있다는 사실을 적극적으로 알리자. 괜히 나쁜 이미지 박힐 이유가 없지 않은가.

나도 처음에는 이 방식으로 귀와 입을 열었다. 그 당시에는 외국인 친구가 없어 부득이하게 온라인으로 연습했다. 등장인물의 대사 공부를 통해 내 영어 실력을 높이는 데도 도움이 되고 내가 좋아하는 영화나 드라마를 계속 볼 수 있었기 때문에 재밌게 공부할 수 있었다. 사극이나 SF 장르는 내용 이해가 어렵기 때문에 기피했다. 일상 드라마나 본인이 좋아하는 장르의 드라마를 골라보자. 어차피 여러 번 들어야 하기 때문에 기왕이면 질리지 않을 명작 드라마를 선정하는 것이 좋다. 그런 다음 다섯 번 정도 보자. 처음은 내용 이해를 위해 자막 켜고, 그 다음은 자막 끄고 똑같이 본다. 세 번째 시청에는 모르는 단어가 나오면 전부 찾아 적고 네 번째도 반복한다. 마지막 다섯 번째는 쉐도잉을 통해 말하기도 연습했다.

듣기를 먼저 공부하고 말하기를 연습해야 한다. 토플 공부할 때 절실히 느낀 점이다. 성우들의 말하기 속도가 너무 빨라 무

슨 말을 하는지 알아들을 수가 없었다. 결국 0.6배속으로 처음부터 1회를 완벽히 들은 뒤에 점점 속도를 올려 1배속으로도 들어도 흐름과 내용을 파악할 수 있을 때부터 말하기를 연습했다. 이는 현실 영어에서도 마찬가지로 적용되었다. '가는 말이 고와야 오는 말이 곱다.'라는 표현도 상대방이 내 말을 듣고 나서 대답한 것이기 때문이다. 듣기가 먼저 돼야 말하기가 되는 것임을 항상 기억해야 한다.

영어가 어려운 것이 아니다. 사실은 우리의 절대 공부량이 부족해서 생긴 두려움이기 때문에 연습만 하면 금방 영어 마스터를 할 수 있게 된다. 한국 사람들인 우리들도 어려운 한자어나 학술 용어를 기피하려는 경향이 있지 않은가. 마찬가지로 2,000단어 정도만 알고 있으면 대화의 80%를 이해할 수 있다고 한다. 단어를 100개씩 외우는 고등학생들에게는 3주가 안 되는 시간에 전부 외울 수 있는 분량이다.

3장

한 번 익히면
평생가는
영어 공부법

01

이미지를
떠올리며
학습해야 한다

중학교 수학 시간에는 '근의 공식'이라는 공식이 나온다. 당시 수학 선생님께서 근의 공식을 가르쳐주실 때 이런 말씀을 하셨다. "누구든 방금 잠에서 깨어난 상태라도 근의 공식을 대답할 수 있어야 한다." 그 말씀에 반 친구들은 식의 결과 값인 공식을 수학 시간마다 세 번 정도 복창하곤 했다. 나도 얼마나 열심히 외웠는지 지금도 잠에서 깨어난 상태라도 저 식을 빠르게 대답

할 수 있다. 하지만 수학은 암기가 아니다. 왜 식이 저렇게 나왔는지 추론하고 공식을 유도할 수 있어야 한다. 해석의 학문이기 때문이다. 따라서 수학을 암기의 대상으로 접근하는 것은 학문의 본질을 보지 못한 채 잘못된 방향으로 공부하는 셈이다.

영어도 마찬가지다. 대부분의 학생들이 하는 것처럼 영단어 하나에 뜻 하나를 적은 단어장을 계속 돌려보며 영단어를 암기한다. "work는 일하다. take는 가져가다, get은 얻다. put은 두다." 이렇게 공부하면 빠른 시간 내에 지식을 축적할 수 있다.

하지만 이미지가 아닌 텍스트로 외운 것이기 때문에 금방 잊기 쉽다. 반대로 말해 이미지로 영단어를 학습하면 훨씬 오랫동안 기억할 수 있다. 텍스트는 이미지에 비해 많은 정보를 단번에 포함할 수 있지만 특징이 별로 없기에 금방 잊힐 수밖에 없는 것이다.

어느 날 내 옆에 앉은 친구가 나에게 짧은 책을 하나 주었다. 영어에 대한 새로운 시각을 가지게 될 것이라는 말과 함께. 애로우 잉글리시라는 학원에서 제작한 짧은 만화인데, 정말 신기했다. 지금까지 영어는 뒤에서 해석하는 것이 일상이었지만 여기선 앞에서부터 이미지를 그려가며 문장을 만들어나가는 것이었다. 책을 읽고 부산으로 넘어가 그 강사의 특강을 듣게 되었다.

최재봉 대표 강사는 이미지를 떠올리며 영어를 학습해야 한다고 주장한다. 그 또한 영어를 어떻게 하면 쉽게 학습할 수 있을까 고민하고 있었다. 어느 날 그는 우연히 신문에서 사진 기사를 접하게 되었다. 그때 이미지를 통해 영어를 학습하는 것이 가장 효과적이라는 것을 깨닫게 되었다. 문장의 맨 첫 번째 부분을 이미지에 1:1 대응시켜 말을 만들어나간다. 그렇게 함으로써 말의 확장에 확장을 거듭할 수 있는 것이다.

정말 그게 가능할까 궁금해서 사진 기사 하나를 찾아보았다. 네이버 뉴스에서 사진이 포함된 기사 하나를 골라보았다. 그 후 주어-서술어-목적어 순으로 이미지를 그려가며 확인해보았다. 그랬더니 놀랍게도 말이 되긴 했다. 비록 짧은 문장이었지만. 사진 기사 말고 도서관에 가서 영어 동화책을 대출해보았다.

비록 처음은 가장 낮은 수준의 책을 빌렸다. 하지만 이미지로 영어 문장을 학습할 수 있다는 사실을 확인한 순간부터 사진기사, 동화책을 닥치는 대로 빌려보았다. 또한 쉬운 수준의 영단어의 경우 그림을 통해 어느 정도 단어의 뜻을 유추할 수 있었다. 예를 들어 "I want this yellow flower."와 같은 문장이 있다고 하자. 영어를 정말 몰라도 그림을 통해 어느 정도 뜻을 유추할 수 있다. 여기에 더해 모르는 단어가 나온다면 기록해두었다가 구글에 이미지로 검색하는 방법도 있다. 예를 들어 Waddle

이라는 단어가 동화책에서 나왔는데 무슨 뜻인지 몰랐다. 그래서 나는 구글에 waddle을 검색해보았고 이미지로 결과를 보았다. 그랬더니 펭귄이 뒤뚱뒤뚱 서 있거나 걷는 모습을 다수 찾아볼 수 있었다. 따라서 어기적어기적 걷는 모습이나 뒤뚱뒤뚱 걷는 모습이 의미일 것이라 추측했고 실제 사전에서 나온 결과와 비슷했다.

또한 이미지로 영어를 학습하면 오랫동안 기억할 수 있다. 주로 좌뇌는 정보를, 우뇌는 감정이나 이미지를 처리한다. 텍스트가 포함하고 있는 정보는 좌뇌에서만 처리할 것이다. 반면 그림을 보게 된다면 좌뇌와 함께 우뇌도 그림에서 오는 느낌과 감정을 받아들이려 노력할 것이다. 즉 텍스트에 비해 훨씬 더 많은 에너지를 소모하지만 장기 기억으로 남을 확률이 높은 편이다.

내 친구 A의 사례다. 그는 어릴 때부터 유독 건망증이 심했다

고 한다. 자기가 했던 약속은 잊어버리는 것이 다반사이며, 심지어 방금 꺼냈던 말을 잊기도 했고 집 열쇠를 깜빡하고 두고 온 경우도 있어 학교에 다시 가기도 했다. 그와 함께 공부를 하면 보통은 내가 챙겨주는 포지션이 되었다. 오늘 학습했던 영단어를 검사해주기도 했고 반대로도 했다. 친구의 단어를 점검할 때면 절반을 대답하지 못했다. 정말 단어를 학습했음에도 잊은 건지, 아니면 학습을 안 한 건지 의심하게 되었다. 결국 현재 가지고 있는 단어장 대신 그림이 많은 단어장으로 교체했다. 그 단어장에는 단어의 소리나 발음, 이미지를 가지고 외우기 쉽도록 가이드라인을 제시했다. 단순히 1:1로 한영사전 공부하듯 외우는 것보단 그에겐 훨씬 좋은 방법으로 영단어를 외우게 되었다.

마지막으로 스피킹과 라이팅에 도움이 되기 때문이다. 영어는 우리에게 제2의 언어이다. 모국어인 한국어보다 부자연스럽고 결과물이 어색하다. 이를 뒤집을 방법은 전달하고자 하는 상

황을 이미지화하여 대화하거나 작문하는 수밖에 없다. 모국어에 비해 부족한 전달력 부분을 마음속 상상의 나래로 대신 채워넣는 것이다.

대학 필수 교양수업인 '대학영어' 시간에 있었던 일이다. 당시 교수님께서 구술 발표와 작문을 한 학기 과제로 내주셨다. 당연히 수강생 전원은 부담을 느꼈다. 하지만 교수님은 우리의 마음을 알고 있다는 듯 친절히 가이드라인을 제시해주셨다. 거기에는 주제 선정, 과제할 때 지켜야 할 내용과 팁이 들어 있었다. 그 중에서 가장 도움이 되었던 부분은 "청중들에게 들려주고 싶은 내용을 이미지로 만드세요. 그런 다음 살을 덧붙여 하나의 명화로 완성시키면 사람들은 저마다 각자의 그림을 얻어갈 것입니다."

우리들의 최종 목표는 원어민처럼 자연스럽게 말을 하는 것

과 수준 높은 표현을 적재적소에 사용하는 순간일 것이다. 하지만 세상에 존재하는 모든 분야의 고수는 처음부터 현재의 모습을 띤 것은 아닐 것이다. 그들 또한 피나는 노력과 한 걸음 더 성장하고자 하는 의지와 상상의 힘으로 발전해나갔을 것이다.

영어 또한 마찬가지다. 처음부터 누구나 모국어 말하듯 말하거나 들은 내용을 바로바로 이해하기란 불가능하다. 여기서 이미지를 통해 영어를 학습한다면 분명 학습자에게 가치 있는 경험으로 남을 것이다. 이러한 경험이 하나둘씩 쌓여 자연스러운 영어를 구사할 실력으로 성장하는 데 큰 동력이 될 것이다.

02

외국인들의
사고방식을
이해해야 한다

언어가 사고를 결정한다는 말이 있다. 지금도 갑론을박이 되고 있는 명제다. 언어의 고유 특징이 모국어를 사용하는 사람들의 사고에 영향을 주는지 안 주는지 파악하는 것이 급선무다.

예를 들어 영어는 한국어와 일본어랑 다르게 주어+서술어+목적어 형태이다. 왜 이렇게 발달했을까?

최재봉 저자의 『애로우 잉글리시로 몸값을 올려라』에 따르면,
영어는 주어에서부터 가까운 순서대로 나가는 언어라고 한다.
반면 한국어는 주어로 들어오는 순서를 가진 언어라고 한다. 작
가는 기본적인 언어 구조의 차이가 사고방식과 문화에 영향을
주었다고 주장한다. 예를 들면 집 주소를 말할 때가 있다. 한국
어는 '부산광역시 〉 금정구 〉 부산대학로 97번 길 〉 함흥빌라 〉
103호.' 이런 식으로 가장 멀리 떨어진 곳에서 시작하여 가장 가
까운 곳으로 들어오려고 한다.

반면 영어는 어떤가? '103, hamhung-villia, busandaehak-
ro 97beon-gil, Geumjeong-gu, Busan, Republic of Korea.'
라고 쓴다. 가장 앞에 온 103호는 자신이 실제 살고 있는 그 집,
그 방이다. 이후 빌라가 있고, 빌라를 나와 접하는 길의 번호가
97번 길… 이런 식으로 주어에서 가장 가까운 순서로 나아가는
방식이라 할 수 있다.

또 하나의 사례를 설명하자면 다음과 같다. 한국 사람들과 외국 사람들이 숫자 세는 방식이 다르다고 한다면 믿어지는가? 우리는 오른쪽 손가락으로 숫자 1부터 5까지 세라고 하면 대부분 보자기를 내고, 엄지손가락부터 새끼손까락까지 차례로 접는 것이 보통이다. 하지만 외국인들은 달랐다.

그들은 주먹부터 쥐는 게 아닌가! 이후 엄지손가락부터 차례로 펼쳐나가면서 수를 셌다. 나는 잘못 본 줄로만 알았다. 휴대폰을 보더니 숫자를 그렇게 세는데 우리랑 다른 방식으로 세는 걸로 봐서 신기했다. 이 책을 읽고 나서 보니 영어의 구조가 자기 자신에서부터 나아가는 구조로 되어 있기 때문에 그럴 가능성이 높을 것이라 추측할 수 있었다.

마지막으로 공문서에 들어가는 표현이 있다. 토플 시험 결과는 인터넷에서 확인할 수 있지만 몇 주간 기다리면 우편으로도

받아볼 수 있다. 거기에 점수와 기준이 나와 있고, 다음과 같은 표현이 나온다. "This is to certify that~." 처음에는 아무렇지도 않은 채로 받아들여졌지만 사고방식의 차이를 이해하고 나니 신선하게 느껴졌다. 이 성적 증명서가 왜, 무슨 이유 덕분에 주어지는 것인지 설명이 중요하다. 반면 한국 상장에는 "귀하는~"으로 시작한다. 상장을 받는 이유도 중요하지만 그것은 뒤에 나온다. 그래서 누가 받는지가 중요하기에 상장을 받는 주체가 가장 먼저 앞에 나온다. 이러한 작은 차이를 모른 채로 비즈니스를 했다가 큰 곤욕을 치를 수 있다고 생각하면 아찔하다.

이외에도 더 많은 사례가 있다. 과연 이러한 문화적 배경을 무시하고 단순히 영어만 배운다면 빠르게 실력이 늘 수 있을까? 아무래도 어려울 것이다. 한 국가의 고유한 문화를 이해할 수 있다면 그 나라의 언어를 배우고자 하는 동기부여와 함께 빨리 배울 수 있는 기회가 열린다.

예를 들어 한국어에 '빨리빨리'라는 단어가 있다. 우리는 이 '빨리빨리' 문화에 길들여져 있다. 하지만 이 단어, 1970년대 한강의 기적을 만들어낸 단어인 것도 알고 있는가? 그 당시 한국은 절대 빈곤했던 나라였기에 빨리빨리 일을 하지 않으면 성장의 기회를 놓칠 것이라 생각했을 것이다. 그렇게 한강의 기적이 탄생하고 50년이 지난 지금, 한국은 선진국으로 들어서게 되었다. 이 당시의 문화가 남아 있는 것으로 배달, 택시, 인터넷 속도, 익일 특급 등이 있다.

한국에서 검진 결과는 검진 당일에 나오거나 늦어도 다음 날에 확인할 수 있는 날이 일반적이다. 한국 사람들은 이에 아무런 의심없이 당연한 것으로 받아들여지고 있다. 하지만 바로 이웃 나라인 일본에서 의사의 검진 결과를 확인하려면 자그마치 2주가 필요하다는 사실을 아는가? 내가 일본에서 생활했을 때 피부로 느낀 것들이었다. 한국 바로 옆 나라이기도 했고 일본도

근면성실한 나라기 때문에 금방 결과를 확인할 수 있을 것이라 봤다. 하지만 내 예상보다 훨씬 긴 2주라는 시간을 기다리라고 하는 건 도저히 이해할 수가 없었다. '천천히' 문화가 있는 것도 아니다. 그럴 거면 철도 강국 일본에서 특급, 쾌속, 급행 노선이 따로 있는 이유는 무엇인가. 지금도 이해할 수 없다.

일본어에는 '타테마에 – 혼네'라고 불리는 문화가 있다. 겉모습과 속마음이 다른 사람이 많다는 것인데 왜 이런 걸까? 필자가 일본 문학 교양 시간에 배운 내용에 따르면, 근세 일본은 에도 시대에 급격한 정권 교체가 일어났다. 도요토미 히데요시가 임진왜란에서 패망하고 에도 막부가 새로 정권을 잡게 되었다.

그들은 사회적인 안정을 취하기 위한 많은 노력이 필요했다고 한다. 이를 위해 서로 감시하는 5인조 체제를 유지해 이탈과 반란을 막고 생산량을 효과적으로 높일 수 있도록 했다. 이때

이것이 서로를 감시하는 수단이 되어 내부적으로나 외부적으로나 불만이 상당히 높았다. 그럼에도 사람들 앞에선 이탈 방지를 위한 타테마에(겉으로 드러나는 외향과 마음 자세)를 보이게 되었다. 이러한 역사가 약 500년가량의 역사에 영향을 크게 미치고 있던 것이었다. 이를 모르고 일본어를 배운다고 한다면 실제 일본에서 일본인들과 친해지는 데 어려움을 느낄 지도 모른다.

영어에는 '포기하다'라는 뜻의 'give up'이라는 표현이 있다. 포기하다가 왜 give+up이 합쳐져 만들어진 단어일까? 단순히 give 하면 내 물건을 상대방에서 넘겨주는 것과 up은 상승의 이미지라고 할 수 있다. 그러나 두 단어의 조합으로 '포기하다'라는 뜻이 생긴다니 정말 놀랍다. 중세시대 기사도의 싸움에서 진 쪽은 이긴 쪽에게 항복의 표시로 자신의 칼을 높이 들어 바친다고, 이것이 give up의 유래라고 한다. 문화와 역사를 알면 빠르게 성장할 수 있다.

외국인 친구들이랑 술을 마시며 시간을 보내고 있을 때였다. 밤 9시가 되어 분위기가 슬슬 무르익을 무렵이었다. 갑자기 친구 하나가 일어나더니 한두 마디 말만 건네고 가버리는 것이 아닌가. 나는 도저히 이해할 수가 없었다.

그런데 내 옆에 앉아 있던 또 다른 외국인 친구는 아무렇지도 않아 하는 표정이었다. 나는 궁금해서 물어보았다.

"아니, 저렇게 혼자 가버려도 되는 거야?"
"무헌, 우리는 개개인의 프라이버시를 중요시하기 때문이지. 술을 마시다가도 일이 생겼거나 상태가 별로 좋지 않다면 적극적으로 말을 해. 나는 나, 너희는 너희니까."

회식이나 모임에서 끝까지 남아 있으려는 모습을 볼 때 집단을 중요시하느냐 혹은 개인의 의사를 중요시하느냐의 차이가

여기서 뚜렷하게 나타났다. 우리는 집단을 우선시하는 문화가 있기 때문에 '튀는 행동하지 마라, 수업시간에 질문하지 말라' 같은 것에 익숙하다. 반면 미국을 포함한 서양에서는 질문을 안 하면 안 된다. 내가 궁금하다면 즉각적으로 이를 해결해야 하는 것이다.

어떤가? 지면을 할애하며 사고방식의 차이에 대해 간략히 설명했다. 사람들마다 각기 다른 신념과 사고방식을 가지고 있다. 누군가는 꼰대라고 생각하는 사람이 있는 반면, 이를 이해하지 못하는 사람도 있다. 하물며 수많은 사람들의 생각에 영향을 미치는 언어는 어떤가? 언어와 문화에 담겨 있는 사고방식의 차이를 이해하는 것에서 진정한 언어 학습이 시작될 것이다.

빨리
성장하고 싶다는
욕심을 버려라

1,000시간. 아무것도 모르는 상태에서 영어를 마스터하기까지 도달할 수 있는 최소한의 요구 시간이다. 이 시간은 단순히 영어 책이나 드라마, 영화를 보고 듣는 것이 아닌, 모르는 표현이나 헷갈리는 표현을 모두 찾고 내 것으로 만드는 데 걸리는 시간을 의미한다. 즉 하루 1시간씩 "공부"한다고 하면 1,000번의 보충 기회가 생기는 것이다. 이 정도의 노력 없이는 영어를

포함한 외국어 공부를 완벽히 하려는 생각은 접는 것이 좋다.

누구나 빠르게 영어를 마스터하고 싶어 한다. 광고를 보면 사람들의 마음을 알아채는 듯이 두달만에 영어 실력을 급상승 시켜준다는 내용이 있다. 물론 가능하다. 하루는 24시간이고 8시간 수면을 한다고 가정하면 하루에 16시간씩 공부하면 된다. 마이크로소프트 창업주인 빌게이츠도 하루에 16시간씩 일한 것으로 유명하다. 잠도 충분히 잘 수 있고 단기간에 영어를 끝낼 수 있으니 괜찮은 시도일 것이다.

그러나 현실은 녹록지 않다. 인간은 유혹에 쉽게 빠지는 존재이기 때문이다. 계획을 세우는 것보다 지키는 것이 더욱 중요하다. "하루에 16시간 공부한다."가 중요한 것이 아니다. 한 달 후에도 똑같이 "하루에 16시간 공부한다."를 실천하고 있는지 여부가 중요하다. 과연 나는 이대로 지킬 역량이 충분한가? 좋다.

그렇다면 당장 시작하라.

빠르게 성장하고픈 마음은 누구나 가지고 있다. 다만 이를 실현하기 위해선 그만한 대가를 치를 준비가 필요하다. 자신의 상황을 고려하지 않은 채 터무니없이 높은 목표를 설정하는 것은 반감을 일으킬 수 있다. 자신의 몸에 맞지 않은 옷을 억지로 입으려고 하면 몸도 마음도 불편하다. 반대로 다이어트를 하거나 운동을 통한 벌크업을 통해 몸을 옷에 맞도록 바꾸면 한결 편안하게 입을 수 있다. 이때 빨리 성장하고 싶은 마음에 자신의 한계를 넘어선 계획을 설정하는 것은 작심삼일로 귀결되는 결과를 낳는다. 목표를 떠올리고 천천히 성장하는 전략을 가지면 생각보다 빨리 목표 성취가 가능한 경우가 많다.

내 주변 친구들의 재수 사례를 보면 극단적으로 나뉜다. 친구 A의 계획을 물어보면 하루에 12시간씩 공부하는 것을 계획으로

잡았다. 내용도 구체적이었다. 정말 계획대로만 하면 서울대학교 입학도 가능할 정도였다. 3월과 4월에는 연락도 오지 않았다. 정말 열심히 공부하고 있다는 말이 참말이라 생각하여 마음속으로 응원했다. 6월 모의평가가 끝나고 오랜만에 연락이 왔다. 고등학생일 때 12시간 공부할 걸 그랬다며 크게 후회한다고 했다. 정말 기적적으로 성적이 올라 행복하다고 말했다. 나는 축하해주며 앞으로도 열심히 하라고 했다.

9월이 되어 또 연락이 왔다. 공부가 제대로 안 된다고 하소연하고 있었다. 들어보니 12시간 계획을 지키겠다고 했지만 여름 더위에 체력적으로 힘들었다고 한다. 이제 수능까지 두 달 남았으니 앞으로도 현재 페이스를 유지하라는 충고와 함께 전화를 끊었다. 그해 수능이 끝나고 직접 만나보니 더욱 표정이 안 좋았다. 열심히 공부했지만 서서히 풀어지기 시작하더니 결국 망치고 말았다는 것이다.

친구 B는 A와 반대로 1학기 종강 이후 수능 공부에 돌입했다. 시험까지 5개월 남은 상황이었다. 그러나 그는 하루의 공부 시간을 7시간에서 9시간으로 잡고 계획도 A처럼 빡빡하게 잡지 않았다. 대신 매일 공부했다는 증거를 남겼다. 또한 일주일에 반나절은 쉬었다고 했다. 늦게 공부를 시작했지만 매일 자신과의 약속을 지키려 했다. 그 결과 그는 수능 시험에서 좋은 성적을 받아 명문대학교에 진학했다.

입학하기 전 친구 B를 만나 이야기를 들어보았다. 본인도 공부하기 싫은 날이 매우 많았다고 술회했다. 하지만 조급하게 생각하지 않고 오늘의 목표를 다 해치우고 나면 그렇게 행복할 수 없다고 했다. 꾸준함이 중요하다고 강조했다. 그러면서 주식을 가지고 설명했다. 변동성이 심한 종목들은 하루에도 5%, 10%씩 올라간다. 그러면 사람들이 단기간 차익 실현을 위해 그 종목에 투자한다고 한다. 그러나 기다렸다는 듯이 어느 순간 주가

가 확 내려간다. 하지만 하루에 0.5%, 1%씩 오르는 주식은 가만히 지켜보고 있으면 재미없다. 내 계좌가 오르지 않으면 답답한 것이 사람 심리다. 하지만 분명한 사실은 어제보다 조금씩 상승하고 있다는 점이다. 단 한 주라도 좋으니 오를 것이라 믿고 매일 사는 것이다. 또한 목표 주가에 다다랐으면 미련 없이 떠난다. 그 이상 가지고 있으면 이성을 잃게 된다고 했다. 그렇게 적립식으로 투자하다 보면 큰 수익을 얻을 수 있게 된다고 한다.

투자의 귀재, 오마하의 현인이라 불리는 워런 버핏은 자신의 돈을 투자할 때 절대 조급해하지 않는다. 그는 주가의 가격보다 회사의 가치를 보는 이른바 가치투자자로 알려져 있다. 당연히 여러 지표와 자료를 종합하여 신중히 투자를 한다. 또한 한 번 주식을 사면 장기투자하는 것으로 유명하다. 그의 명언 중 하나는 "주식에 10년을 투자할 것이 아니라면 단 10분도 보유하지 마라."라는 말이다. 복리의 마법을 온전히 누리기에는 시간

이 걸리기 때문이다. 실제로 그의 부는 대부분 50세 이후 이룩한 것으로 유명하다. 그의 유언도 미국의 500대 우량 기업에 투자하는 S&P 500 지수에 장기 투자하라는 것으로 밝혀졌다. 돈을 투자하고 기다리면 높은 수익을 얻을 수 있다는 믿음이 필요하다.

누가 밥그릇을 뺏는 것도 아닌데도 시간에 쫓기듯 허겁지겁 먹어치우는 사람들이 있다. 빨리 먹는 습관이 몸에 밴 사람들도 있다. 하지만 제대로 씹지도 않은 채로 위장으로 보내게 되면 그만큼 소화 작용에 시간을 더 쓸 수밖에 없다. 당연히 영양분을 흡수하기 곤란한 상태로 장기에 넘어오므로 제대로 된 흡수 및 소화에 애로사항이 생긴다. 또한 소화불량에 걸릴 확률이 높아진다. 두통과 더불어 오심, 즉 메스꺼움이 동반된다. 심하면 역류까지 발생할 수도 있다. 이러한 불편함이 그날 하루를 망쳐버릴 수도 있는 것이다.

영어 공부도 마찬가지다. 단시간에 많은 양의 정보를 입력하면 높은 확률로 오류가 발생할 수 있다. 우리 몸이 한 번에 받아들일 수 있는 정보의 양은 한계가 있기 마련이다. 범위를 초과하게 되면 두뇌가 지치기 마련이다. 또한 우리 몸이 정보를 수용하고 그것을 체화하는 단계에도 시간이 필요하다. 일반적으로 음식물 완전 소화는 하루 정도 걸리는 것으로 알려져 있다. 마찬가지로 우리가 영단어나 문장을 암기한 뒤 실전에 쓸 수 있을 때까지는 어느 정도 적응 기간이 요구된다. 어제 배웠는데도 왜 바로 떠오르지 않는 걸까 하고 조급할 필요 없다. 세상의 당연한 이치다. 우리는 컴퓨터가 아니기 때문이다. 지금 이 순간에도 나는 조금씩 성장하고 있다는 마인드를 가지고 공부하자.

나 또한 처음에는 빨리 영어를 마스터하고 싶어 하루에 12시간씩 공부하는 계획을 세웠었다. 첫날과 그 다음 날에는 계획을 지켰다. 하지만 사흘째 되는 날부터 몸이 너무 쑤셨다. 이런 저

런 핑계가 떠오르기 시작했다. 힘들게 책상에 앉으면 잡생각이

많이 나기 시작했다. 억지로 12시간은 채웠지만 전혀 기쁘지 않

았다. 대신 공부 시간은 줄여도 하루에 할 수 있는 분량을 완료

하는 것이 성장에는 훨씬 도움이 되었다.

남는 시간을
잘 활용하는 것이
중요하다

"하루는 24시간이다."라는 명제는 의심의 여지없이 참이다. 대부분의 사람은 해가 뜨면 침대에서 일어나 바깥 활동을 준비하고, 해가 질 때쯤 집으로 돌아와 휴식을 취한 뒤 잠에 든다. 그렇다면 하루 중에서 몰입했던 시간은 어느 정도인가? 공부를 하는 학생이라면 책상에 앉아 책이나 수업에서 전달하고자 하는 메시지를 얼마나 흡수했는가? 이는 사람마다 전부 다를 것

이다. 어떤 사람들은 책상에 앉아 공부에만 전념하는 반면 어떤 사람들은 책과 씨름하고 있을 것이다. 같은 시간을 보내고 있어도 일의 성과는 다 다른 이유가 여기에 있다. 몰입의 정도가 다르기 때문이다.

오늘 하루 시간을 어떻게 사용했는지 돌아보라. 통근 통학에서 시간을 흘려보내진 않았는가? 업무 간간히 나는 틈이나 학교 수업 쉬는 시간에 무얼 했는가? 생각보다 우리는 시간을 낭비하고 있는 경우가 많다. 이들을 한데 모아 자투리 시간을 확보하면 어떨까? 하루가 길어지는 효과를 볼 수 있을 것이다. 군대시절 주말에는 늦게까지 자거나 사지방, 휴대폰을 했던 기억이 남는다. 무의미한 시간을 보내고 있었던 것이다. 그저 시간이 빨리 지나가기만을 빌었기 때문이었다.

하지만 지나간 시간이 다시는 돌아오지 않는다. 그렇기에 무

심코, 쓸데없이 흘려보낸 시간을 소중히 할 필요가 생긴다. 나는 이것을 전역 1년 전에 깨닫게 되었다. 이대로 군문을 나서면 남는 것이 아무것도 없다는 생각에 두려워졌다. 마침 독서실에 자주 오는 스터디 그룹이 있기에 거기에 참가했다. 매일 컴퓨터 활용능력 시험 대비를 했다. 일과를 마치고 오면 편안히 시간을 보낼 수도 있었음에도 타협하지 않았다. 일과 이후 바로 사지방에 달려가 엑셀을 켰다. 3시간 정도 공부하고 나면 그제야 공부를 마치고 1시간가량 휴식을 취할 수 있었다.

시험이 다가올 때는 연등까지 신청했다. 10시 반 취침이지만 12시까지 했다. 남들은 수면을 취하지만 나는 그 시간마저도 활용하자고 생각했다. 그렇게 열심히 한 결과 두 달 만에 컴퓨터 활용능력 1급에 합격할 수 있었다. 신분적 제약이 있었음에도 이렇게 할 수 있었던 것은 마음가짐과 효율적인 시간 활용 덕분이라 생각한다.

사람들은 매일 시간이 없다고 한다. 하지만 자세히 관찰해보면 아깝게 흘려보내고 있는 시간들이 분명히 있다. 이들을 잘 주워 모으는 것이 중요하다. 그렇기 위해선 오늘 하루 시간을 어떻게 썼는지 다이어리를 써보는 것을 추천한다. 양치 시간, 출퇴근 시간, 식사 시간, 업무 중 틈틈이 생기는 짬 등등을 종합하면 생각보다 큰 시간이 만들어진다. 그리고 이들을 파악했다면 이 시간에 생산적인 활동을 해보자. 지금 힘들면 나중에 보답받는다는 생각으로.

영어는 생활이다. 매일 매일 반복하지 않으면 잊기 마련이다. 평일과 주말을 돌아보니 평일은 수업과 아르바이트, 그리고 대외활동까지 겹쳐 있어 시간을 좀처럼 내기가 어려웠다. 그래서 주말을 최대한 활용하고자 했다. 수면 시간을 평일이랑 맞추고 다녔다. 도서관에서 영어 소설과 DVD를 빌려 보았다. 식사 시간에도 휴대폰 대신 영단어장을 손에 쥐었다. 자기 전 듣던 노

래 대신 영어 라디오 방송을 재생했다. 그리고 화장실에 갈 때마다 오늘의 암기 표현을 거울을 보며 말해보았다. 이 정도의 노력이 없으면 생활자체가 불가능할 것이라 봤다. 또한 특별한 사정이 생긴다고 해서 어학 공부의 비중을 줄이지도 않았다. 꾸준함이 생명이기 때문이다. 학교 시험시간이 다가온다고 해서, 팀플 과제 제출이 마감이라고 해서 영어 공부를 소홀히 하지 않았다. 매일 할당량을 계획했고 이를 지키지 못한다면 주말에 어떻게든 해결하자는 마인드로 살아왔다. 꾸준함이 동반되지 않은 공부는 공부가 아닌 것이다.

자투리 시간을 활용하다 보면 본인 시간이 안 날 수밖에 없다. 당연히 최우선으로 영어를 끝내겠다는 목표를 가졌으니까. 그렇다면 어제와 다르게 오늘은 빨리 끝낼 수 있도록 속도를 높혀보자. 자투리 시간에 영어만 공부하는 것이 안타까운 사람들에게 적극적으로 추천하는 방법이다. 공부를 게임이라 생각하고 타임

어택을 해보자. 누가 누가 빠르고 정확하게 끝내는지 가릴 수 있다면 효율적으로 공부를 할 수 있게 된다. 그리고 더 많은 시간이 남게 된다. 남은 시간에 휴식을 취하든 다른 공부나 자기계발을 추가로 하든 자유다. 나는 영어 공부가 끝나면 책을 읽었다. 그렇게 해서 읽은 책이 총 200권이 넘는다. 독서까지 하고 나니 내 자신의 지식과 자신감을 매우 빠르게 기를 수 있었다.

베들레헴 철강회사의 찰스 스왑은 매일 시간에 쫓겼다. 그래서 고민 끝에 경영 컨설턴트인 아이비 리에게 이런 제안을 했다.

"지금보다 더 많은 일을 할 수 있는 방법을 가르쳐준다면 큰 보수를 지급하겠다."

아이비 리는 그에게 종이 한 장을 주면서 다음처럼 말했다.

"내일 할 일을 여섯 가지만 적으세요. 그리고 중요하고 급한 순대로 번호를 매기세요. 그 순서대로 일을 처리하시면 됩니다. 혹시 뜻하지 않는 일이 생긴다면 급하고 중요한 순대로 처리하세요. 이러한 과정이 매일 습관이 되도록 하십시오."

몇 주 후 찰스 스왑은 아이비 리에게 그가 이제껏 배웠던 어떤 것보다도 훌륭한 교훈을 얻었다는 편지와 함께 25,000달러를 보냈다. 5년 후 베들레헴 철강회사는 세계에서 가장 높은 매출액을 올리게 된다. 찰스 스왑은 시간관리를 통해 1억 달러를 벌었으며, 세계에서 가장 유명한 '철강 왕'으로 불리게 되었다.

경영학의 대가 피터 드러커는 "시간은 다른 자원과는 달리 한정된 자원이다. 시간은 빌릴 수도, 고용할 수도, 구매할 수도, 또는 다른 사람들보다 더 많이 소유할 수도 없다."라고 말했다. 시간은 더 이상 찾아올 수 없는 금과 같다. 있을 때 어떻게 관리

하느냐에 따라 인생이 천지차이로 바뀔 수 있는 것이다.

부자들은 시간의 가격보다 가치를 본다. 아무리 높은 가격이어도 본인에게 득이 되는 것이 하나도 없다면 절대로 구입하지 않는다. 반대로 자기 자신의 시간을 벌게 할 좋은 프로젝트나 기회가 생긴다면 망설임 없이 투자한다. 그들은 시간의 중요성을 깨닫고 있는 것이다. 남들에게 비춰질 모습이나 평가를 신경 쓰지 않고 자신의 주관에 따라 살아간다. 이러한 마인드의 근원은 남들의 주관적인 평가에 내 시간을 들여 신경 쓰는 것만큼 아까운 행동이 없기 때문이다. 부자들은 없는 시간도 만들어 쓸 만큼 효율적으로 잘 사용한다. 영어 공부를 할 때도 공부에만 집중한다. 일찍 공부를 끝내면 원래 영어에 투자해야 할 시간을 다른 곳에 투자할 여유가 생긴다. 그러면 그때는 다른 자기계발을 하거나 편안한 휴식을 즐길 수 있는 것이다. 그들에게는 자투리 시간을 신경 쓸 필요가 없다. 이미 모든 시간을 어떻게 하

면 더욱 성장할 수 있을지에만 관심이 있기 때문이다.

시간은 절대 돌아오지 않는다. 무심코 보낸 시간, 업무에는 집중한다고 하지만 사실은 멍 때리고 있는 시간, 출퇴근 통학시간을 잘 활용하라. 그리고 시간을 아낌없이 활용하려는 습관을 가져라. 그것이 미래의 당신을 결정하는 중요한 요소가 될 것이다.

쉬운
단어부터
정복해보자

고등학교 수학 시험에서 중요하게 배웠던 교훈 한 가지가 있다. 바로 기본이 중요하다는 것이었다. 모의고사를 받아 보면 도형 문제가 가끔 출제된다. 문제를 풀기 위해선 도형의 성질을 정확히 알고 있어야 풀 수 있도록 설계되어 있다. 그러기 위해선 중학교 수학에서 배우는 도형 공부를 완벽히 알고 있어야 한다. 문제는 사람이 망각의 동물이기에 따로 복습하지 않으면 그

대로 잊어먹기 마련이다. 나 또한 문제를 푸는 방법은 떠올랐는데 도형의 성질을 잊었기에 풀 수가 없었다. 이런 경우가 나오면 보통은 모의고사가 끝나고 따로 중학교 수학책을 펼쳐본다. 그리고 부족한 부분을 완벽히 보충하고 다시 고등학교 수학을 건드려야 한다.

수학은 연계 과목이다. 초등학생 때 배우는 사칙 연산은 고등학교 3학년, 더 나아가 대학 과정에도 줄곧 쓰인다. 중학생 때 배우는 도형은 고등학교 수학 고난도 문제로 출제되기도 한다. 고등학생 때 배운 미적분과 통계가 대학 수업에 쓰일 줄은 꿈에도 몰랐다. 그러므로 기초 공사가 부실하면 얼른 보충해야 한다. 공자는 '불치하문'이라고 했다. 모르는 것을 알기 위해 아랫사람에게 물어보는 것을 부끄러워하면 안 된다고 했다. 모르고 있는 편으로 지내는 것이 더욱 큰 부끄러움으로 다가올 것이기 때문이다.

수학 공부하듯, 영어 또한 쉬운 단어부터 정복해나가야 한다.

가장 많이 사용되는 영어 단어 1,000개를 인터넷에서 검색해보

라. 1위는 the, 2위는 of, 3위는 and, 4위는 a 순으로 조사된다.

상위 25개의 단어가 문서의 3분의 1을 차지한다. 상위 100개까

지의 단어가 영어의 절반을 차지한다. 그리고 300개가 넘어가

면 전체 문서의 65%를 차지한다고 한다. 신기하게도, 여기에

등재되어 있는 단어의 수준은 중학교 단어 수준에 불과하다. 하

지만 우리는 제대로 영어를 할 수 없는 이상한 상황에 놓여 있

다.

어려운 단어만 공부하려 들지 말고 우선 쉬운 단어부터 공부

하자. 실제로 2,500개의 단어만 알면 원어민들이 일상적으로

하는 커뮤니케이션의 85%가 가능하다는 연구 결과가 있다. 중

학교 정규 과정에 포함된 단어의 개수보다도 적은 2,500개의

단어로 원어민과 대화하는 데 전혀 문제가 없다는 뜻이다. 언어

는 소통이다. 내가 말하고 싶은 내용을 상대방이 이해하고 또 상대방의 말을 내가 알아들을 수 있으면 된다.

또한 원어민들은 말을 어렵게 하려고 하지 않는다는 점을 깨달아야 한다. 반대로 우리가 한국어로 대화할 때 어려운 단어를 쓸까? '시사하다, 견지하다, 톺아보다, 면강하다.' 이런 단어들을 일주일 안에 써본 적이 있는가? 아마 대부분 없을 것이다. 대신 상대방이 알아듣기 쉬운 보통 수준의 단어로 말을 한다. 예를 들어 '소변을 보다.'라고 표현할 수 있지만 대부분 '화장실에 간다.'로 많이 사용한다. 외국어도 마찬가지다. 앞에서도 언급했던 것처럼 모든 단어를 다 알아야 영어를 완벽하게 할 수 있는 것은 아니다. 쉽고 직관적인 표현을 선호하는 것이 인간의 심리이기 때문이다.

실제로 수능 및 토플에서 배웠던 고급 단어는 기억이 나는데

쉬운 표현을 기억하지 못한 적이 있었다. '이기다, 승리하다.'라는 표현인 win이 기억이 안 나 prevail이라는 표현으로 대체해서 말했다. '유명하다.'라는 의미로 famous가 순간적으로 기억이 안 나 prominent라고 말해버린 적도 있었다. 다들 무슨 뜻으로 말하는 건지 알아들었지만 어색했을지도 모른다. 일부는 그게 무슨 뜻이냐고 반문하기도 했다. 이때 나는 굳이 억지로 어렵고 잘 쓰이지도 않을 고급단어를 공부할 바에는 쉽고 직관적인 단어 배치 연습을 더 해야겠다는 생각이 들었다.

'은키시'라는 말하는 앵무새가 있다. BBC에 따르면 이 앵무새는 950가지의 단어를 구사할 수 있다고 한다. 또한 자신의 생각을 표현할 수 있으며, 사진이나 영상 등을 보고 그것을 인지하고 정보를 습득하는 능력도 있다고 한다. 1,000단어 정도만 알면 대부분 의사소통에 별 지장이 없는 걸로 보았을 때 이 앵무새는 쉬운 단어로 자신의 대부분의 생각을 표현하는 셈이다. 우

리는 1,000단어보다 더 많은 단어를 알고 있지만 말을 잘 못하고 있다. 이는 기초 뼈대에 해당되는 문법을 잘 몰랐기 때문인 것으로 조사되었다. 즉 빠르게 어법을 잡고 쉬운 단어만 학습해놔도 자신의 생각을 표현하는 데는 문제가 없다. '푸르들'이라는 영국의 아프리카 회색앵무새가 있었다. 지금까지 앵무새 중 가장 많은 단어를 깨쳤다. 은키시보단 적은 800가지의 단어를 외워 기네스북에 등재되기도 했다. 1965년 말하기 대회에서 우승한 뒤 소감을 발표하기까지 했다.

다만 전공 책을 보거나 격식 표현을 사용해야 할 때는 고급 표현을 공부할 필요가 있다. 하지만 이 경우에도 쉬운 단어를 기본으로 심화로 들어가야 하는 법이다. 초등학생에게 사칙 연산을 알려주고 바로 미적분을 가르치게 되면 어떨까? 사칙 연산 이후와 미적분 전의 학습 내용이 비어 있는 채로 수업을 듣게 되니 선생님이 무슨 말을 하는 건지 도통 이해할 수 없다. 차

근차근 학습한 다음 고급 표현을 연습해도 늦지 않다.

또한 쉬운 단어를 조합하면 새로운 단어가 나오기 때문이다. 한국어로 가방은 무언가를 들고 다니거나 담는데 쓰는 도구라고 나와 있다. 여기에 책을 붙이면 책가방, 열쇠를 붙이면 열쇠가방, 손을 붙이면 손가방 등 무수히 많은 단어를 만들 수 있게 된다.

영어도 마찬가지다. give 뒤에 up, in, off, away 등 수많은 전치사를 붙여 새로운 표현이 나온다. 그리고 외국인들은 이런 표현을 더 즐겨 쓴다. 왜냐하면 그들에게 더 직관적이기 때문이다. 전치사에는 움직임이 내재되어 있는데 동사와 결합해서 더욱 선명한 이미지를 만들 수 있다.

어린 아이들이 단어를 습득할 때 유심히 살펴보자. 아이들

은 많이 듣고 쉬운 단어로 말하려 한다. 당연히 문법적으로 틀린 문장도 많이 말한다. 그럴 때 오류를 바로 잡은 표현으로 말해주면 금방 습득한다. 어렸을 때 동생이랑 함께 놀았던 시절이 있었다. 술래잡기를 하고 있었을 때였다. 그때 너무 숨 가쁘게 뛰어다니고 놀았던지 둘 다 지치고 말았다. 잠시 쉬었다 하려고 했지만 동생이 그만하고 싶었던 것으로 보였다. "형아, 그만도 하면 안 돼?" 그러면 그만하고 싶은 줄 알고 "그래, 그만할까?"라고 답한다. 그러면 무의식적으로 '그만도'가 아닌 '그만'임을 알게 된다. "까까 먹꼬 싶어!" 이러면 "까까 아니야. 과자야 과자. 과자 해봐 과~자!" 그러면 아이들은 따라 하게 된다. 그렇게 유치어에서 보통어로 연결되는 것이다.

이렇게 계속 문법적으로 틀린 표현일지라도 뜻은 다 통했다. 남은 건 자신의 복잡한 생각을 표현할 수 있는 사고력과 표현력이었다. 이를 위해선 더 많은 단어를 알아야만 한다. 그때 필요

한 것이 기본 수준을 넘어선 고급 어휘다.

사상누각이라는 말이 있다. 모래성 위에 쌓은 성으로, 기반이
제대로 다져져 있지 않으면 언젠가 무너지게 된다는 소리다. 어
려운 단어와 표현을 배웠다고 자존심만 높을 필요가 없다. 기
초를 완벽히 해놔야 나중에 곤란한 일이 있어도 금방 복구할 수
있는 법이다.

06

문장을 통째로
외우겠다는
마인드를 가져라

고등학생 때 문장만 적혀 있는 영어 책을 본 적이 있다. 사람

들은 이를 구문 학습 책이라고 했다. 왜 영어 문장만 있는 책이

그렇게 잘 팔리는 건지 도통 이해할 수 없었다. 많이 틀려보고

어느 부분을 고쳐야 할지 빠르게 점검하는 것이 가장 효율적이

라 생각했다. 당연히 독해나 듣기 문제지를 사서 많이 풀어보면

자연스럽게 실력이 올라갈 텐데, 굳이 수능 기출 문장도 아니기

때문에 왜 사서 보는지 이해할 수 없었다.

하지만 세월이 지나보니 이 책의 진가를 알게 되었다. 바로 문장 자체를 통암기하는 것이었다. 우리가 지금까지 공부했던 것은 영어 문제 푸는 기술이었다. 수능 영어는 70분 45문제 출제인데 듣기를 제외해도 28문제를 50분 안에 풀어야 한다. 1문제로 환산하면 107초, 1분 47초가 주어진다. 그러나 OMR 마킹과 답을 잘못 체크한 것이 아닌지 파악해야 하기 때문에 실질적으로는 이것보다 더욱 빨리 풀 필요가 있다. OMR 체킹과 답 검토에 5분 쓴다고 해도 1분 30초가량 남는다. 여유롭게 보고 풀 시간이 없다. 따라서 빠르게 문제의 핵심만 파악할 수 있는 방법이 필요하게 되었다.

그렇게 수능이 끝나고 나면 어떤가? 독해 수준은 전공 서적을 읽을 수 있을 정도로 성장한 것은 사실이다. 그렇지만 단어

를 많이 알아도 문장 하나 제대로 만들지 못한다. 이때 문장 전체를 암기하게 되면 기본적인 구조가 뇌 속에 박히게 된다. 이제 단어만 바꿔주면 내가 표현하고 싶은 문장을 만들 수 있게 된다. 예를 들어 "나무를 보지 말고 숲을 보자."라는 문장이 있다. 여기서 "하지 말고 ~하자."라는 문장은 화자가 청자에게 그렇게 행동하기를 바라는 마음에서 말한 청유형 표현이다. 하지만 우리는 청유형이라는 문법을 배워서 이렇게 쓸 수 있는 것이 아니다. 그냥 어릴 때부터 문장 자체를 많이 보고 들었고, 그것이 우리 마음속에 청유형 구조가 남은 것일 뿐이다.

이제 딴짓하는 학생에게 집중을 요구하는 말을 하려면 어떻게 하면 될까? 간단하다. 저 문장에 들어있는 단어인 숲과 나무를 빼고 휴대폰과 책을 대입하면 된다. "휴대폰 보지 말고 책을 보자." 편식하는 아이에게 골고루 먹기를 바라는 마음을 표현하려면 어떻게 하면 되는가? "고기만 먹지 말고 야채도 같이

먹자." 우리는 너무나 간단하게 답을 할 수 있는 문장이다. 눈치 챘는가? 문장을 암기하면 어려운 문법 공부 없이 단어만 바꿔주는 것으로 수없이 많은 문장을 만들 수 있게 된다. 책을 암기하거나 영화, 드라마와 같은 시청각 매체를 외우는 공부가 통하는 이유다.

또한 문장을 암기했기 때문에 자동 완성이 가능하다. "그만 자고 빨리 일어나라."라는 문장이 있다고 하자. 동사의 활용으로 인해 앞의 표현과 100% 일치하지는 않는다. 하지만 A를 하지 말고 B하라는 의도는 거의 비슷하다. 만약 단어만 공부했다면 '그만, 자다, 빨리, 일어나다.' 이렇게 4가지의 단어만 일렬로 나열해야 한다. 우리는 문장의 틀이 이미 머릿속에 입력되어 있기 때문에 자동적으로 연상하여 화자의 뜻을 이해할 수 있다.

실제로 말을 할 때를 생각해보자. 단어만 말하게 된다면 듣는

사람 입장에서는 말하는 사람의 의도를 제대로 파악하지 못할 가능성이 높다. 예를 들어 '커피'라는 말만 하면 듣는 사람 입장에서는 커피를 마시자는 건지, 사자는 건지, 들고 가자는 건지, 좋아한다는 건지 도통 알 수가 없다. 그래서 제멋대로 해석하게 된다. 그러나 이번엔 "주스 마시고 갈래요?"라는 표현을 암기했다고 하자. 물 대신 커피를 대입하면 "커피 마시고 갈래요?"라고 상대방에게 확실한 내 의도를 전할 수 있게 된다. 설령 "커피하고 갈래요?"라고 말해도 대부분은 커피 마시고 가자는 뜻으로 대부분 알아들을 수 있게 된다. 연상의 힘은 이리도 무섭다.

마지막으로 영어라는 동영상을 그릴 수 있게 된다. 최재봉 저자는 "영어란 단지 우리말로 해석하기 위한 것이 아니라 그림을 그리는 작업이다. 처음에는 단어 하나하나를 이미지화 시키고 문장을 만들면서 개별 이미지화 된 단어들을 순서대로 연결해 나간다."라고 했다. 문장을 암기하면 구조를 이미지로 그릴 수

있게 된다. 앞의 A하지 말고 B하라는 문장을 이미지화 할 수 있는가? 이렇게 말을 했는데도 A를 하는 화자의 행동에는 분노가 치밀어 오를 것이다. 반대로 B를 하면 만족할 것이다. 여기에 자신이 표현하고 싶은 단어를 바꿔 활용하면 된다. 그 단어 또한 이미지화시키면 모든 문장에 포함되어 있는 단어를 이미지로 받아들일 수 있게 된다.

영어 발표를 준비해본 적이 있는가? 마케팅관리 수업 시간이었다. 당시 지도교수님의 강의를 청강해본 적이 있었다. 그 교수님은 원어로 마케팅을 강의하시는 분이었다. 코로나로 인해 조별 과제는 위험하다고 판단, 개별 과제로 마케팅 주제와 관련된 제품 소개를 청중 앞에서 영어로 발표하고 말해야만 했다. 교수님의 과제 공지를 보자마자 대부분의 학생들은 쇼크에 빠졌다. 한국어로도 어려운 발표를 영어로 해야 한다니 엄청 큰 부담이었다. 나 또한 내 발표를 수십 명의 청중 앞에서 말해야

한다고 생각하니 매우 떨린다. 발표 내용이 떠오르지 않는다면 생각만 해도 아찔하다. 실수할까 봐 불안하다.

그래서 나는 발표할 내용을 대본으로 만들어 통째로 내용을 암기했다. 또한 발표에 쓰일 제스쳐를 곁들여 모의 발표도 진행해본다. 대망의 발표 날. 나는 줄곧 준비했던 발표를 조심스럽게 시작했다. 중반까지는 발표를 잘 이끌어나갔다. 그런데 아뿔싸. 중간에 내용을 잊어버렸다. 가장 끔찍한 순간이 찾아왔다. 패닉에 빠지고 말았다. 하지만 내가 어떤 주제로 어떤 메시지를 전해야 하는지 알고 있는 상태였다. 그래서 남은 부분을 대본에서 벗어난 내용으로 지어내어 만들었다. 오히려 그렇게 하니 부담이 줄어 편안히 발표에 집중할 수 있게 되었다. 결국 성공적으로 발표를 마칠 수 있게 되었다. 그리고 교수님에게 좋은 평가를 받을 수 있게 되었다. 비록 청강생이었기 때문에 학점으로 남진 않았지만 나도 발표 중 발생할 수 있는 돌발 사건에 잘 대

처할 수 있다는 자신감을 얻어갈 수 있었다.

만약 발표 대본조차 외우지 않았더라면 발표 내용을 스스로 만들어나갈 수 있었을까? 절대 그렇지 못했을 것이다. 발표 대본 안에는 내용과 더불어 순서와 흐름, 어디를 강조할 것인지 모두 기록되어 있었다. 단순히 내용만 줄줄 외운 것이 아니라 완벽한 발표를 이루는 구성까지도 함께 외운 것이다. 내가 앞으로 할 말만 까먹은 것일 뿐 뒤에 무슨 내용이 나오는 지는 완벽히 숙지하고 있었다. 발표 주제는 하나로 정해져 있고 까먹은 멘트는 그곳으로 가기 위한 빌드업 과정 중 하나였을 뿐이다.

또한 즉석에서 영어 대사를 말했어야 하므로 문장 암기가 빛을 발하게 되었다. 이미 알고 있는 문장에 단어만 바꿔 말하게 되니 그럴 듯한 표현이 만들어졌다. 단어만 외웠더라면 단어와 단어의 연결성이 떨어졌을 가능성이 높아졌을 것이다. 하지만 틀이 만들어져 있었기 때문에 말만 바꿔 넣으면 되었다. 마치

지도를 보고 길을 찾아나가는 것과 같았다.

영어 공부, 별것 없다. 단순 무식하게 문장 표현을 많이 암기하는 사람이 절대적으로 유리하다. 반복, 응용 이 2가지의 키워드만 숙지하고 있으면 영어를 위시한 제2외국어는 쉽게 터득할 수 있게 된다.

발음과 문법에
너무
집착하지 마라

여러분은 영상 시작 전 나오는 광고에 관심을 갖고 보는가?

대부분의 사람은 그렇지 않을 것이다. 광고가 끝나기만을 기다

리거나 스킵 버튼이 나타나기만을 기다리고 있을 것이다. 보고

싶은 영상을 재생했는데 난데없이 연속으로 광고가 튀어 나오

면 짜증날 수밖에 없다. 나 또한 스킵 버튼이 나타나지 않는 광

고가 나타나면 다른 영상을 보러 가거나 끝날 때까지 기다린다.

그러나 몇몇 광고는 예외다. 대표적으로 영어 학습 광고는 절대 넘기지 않고 끝까지 본다. 최근에 본 광고 중 하나는 한 여성이 영어 발음을 교정하고 연습하는 내용을 담았다. 이 사람은 발음이 중간에 꼬여 실망해도 어플리케이션에서 다시 하자고 격려한다. 결국 하나의 완성된 문장을 더 좋은 발음으로 말하게 된다. 광고를 보고 왜 사람들이 발음에 관심을 가지게 됐는지 궁금해졌다. 유튜브에 영어 발음 관련 영상을 검색하니 수백 가지의 영상이 나타났다. 이를 보고 사람들은 실력 향상만큼 좋은 발음에 큰 관심을 갖고 있다는 것을 알게 되었다.

그렇지만 처음부터 발음을 신경 써서 공부해야 할까? 그렇지 않다. 우리가 살면서 자연스럽게 터득한 한국어 발음은 쉽게 바뀌지 않는다. 원어민처럼 발음하고자 거울 앞에 서서 연습하고 영상을 봐도 여전히 그대로다. 왜냐하면 영어를 쓴 시간보다 한국어를 쓴 시간이 아득히 많기 때문이다. 생각해보자. 여러분들

은 하루 동안 영어 공부에 얼마나 많은 시간을 투자하는가? 만약 따로 시간을 내어 공부하지 않는다고 한다면 다음과 같이 생각해보자.

교육부가 발표한 2015 개정 교육과정 총론에 따르면, 영어는 초등학교 3학년부터 배우기 시작한다. 영어는 초등학교 3~6학년 그리고 중학교 1~3학년 합쳐 680시간을 최소로 이수해야 한다고 명시해뒀다. 우리는 자연스럽게 영어 공부를 약 700시간가량 한 셈이다. 단순히 시간으로 따지면 많게 보이지만 7년이라는 세월 속에서 차지하는 비중은 1%가 겨우 넘는다. 즉 99%의 시간은 한국어를 사용하며 자랐기 때문에 발음이 쉽게 고쳐지지 않는다.

그렇지만 좌절할 필요가 없다. 한국어 발음으로도 충분히 외국 사람들과 소통할 수 있기 때문이다. 스무 살, 나는 오래만에

만난 지인들과 함께 해운대에서 술을 마셨다. 지금도 그렇지만 해운대는 한국인과 더불어 외국인 관광객이 정말 많이 찾는 명소다. 맥주를 함께 마시며 즐거운 시간을 보내고 있을 때 갑자기 입구에서 큰 소리가 들렸다. 무슨 일인가 하고 봤더니 외국인 손님들이 생일 축하 파티를 하고 있었다. 다른 테이블의 사람들은 웃으면서도 박수를 보내왔다. 그 모습이 신기하면서도 한편으로는 호기심이 생겼다. 외국인들의 생일 문화는 어떤지 궁금했다. 그래서 그 테이블로 다가가 한 사람에게 말을 걸었다.

"Happy Birthday! Who is birthday?"

당시 술에 약간 취한 상태라 문법과 발음은 제대로 지키지도 않았다. 하지만 쉬운 단어로 명확한 나의 의사를 전달했고, 곧 그들은 한 사람을 가리켰다.

"Over there, he is wearing a black cap."

그렇게 나는 검은 모자를 쓰고 있는 사람에게 다가가 함께 축하의 박수를 건네고 사진을 함께 찍었다. 짧은 시간이었지만 우리는 분명 대화를 했고 감정을 나누었다. 나는 한국 발음으로, 그들은 그들만의 발음으로 말이다.

EBS 다큐프라임 제작팀이 제작한 〈언어 발달의 수수께끼〉에도 비슷한 내용이 나온다.

제작진은 실험을 위해 한국인 청중 네 명과 외국인 청중 네 명에게 60대 남성의 영어 연설을 들려주었다. 연설이 끝나고 이에 대한 평가를 참가자 전원에게 부탁했다. 한국인들은 대체로 발음에 대해 평가했지만, 외국인들은 단어 수준과 의사 전달력에 집중했다. 모든 실험이 끝나고 남성의 정체를 공개하였다.

그는 세계의 대통령이라 불렸던 반기문 전 UN사무총장이었다. 비록 총장직 수락 연설에서 한국인 발음으로 연설을 낭독했음에도 내용에 담긴 표현과 전달력이 매우 훌륭했기에 전 세계에서 꼽히는 명연설로 회자되고 있다.

또한 처음부터 문법 공부에 너무 몰입할 필요가 없다. 우리가 한국어를 배울 때 따로 문법을 배우진 않는다. 그러나 누구나 자연스러운 문장을 만들어낼 수 있는 능력이 있다. 왜냐하면 어릴 때부터 그렇게 써왔고 그게 당연한 것으로 받아들여졌기 때문이다. 오히려 외국인이나 어린이에게 문법 질문을 받으면 대답하기 곤란할 정도다. 아무도 그렇게 불리는 이유를 자세히 생각해본 적이 없었기 때문이다.

예를 들어 명사 다음에 오는 조사의 차이와 같은 경우가 있다. 명사 다음에 오는 '-은'과 '-는'의 차이를 생각해본 적이 있

는가? 철수 다음에는 '-는'이 오지만 길동 다음에는 '-은'이 온다. 이는 명사가 받침으로 끝나는지 아닌지에 따라 차이가 발생한다. 하지만 우리는 무의식적으로 둘의 차이를 인지하고 있다. 다만 말로 표현하려면 한 번도 생각하지 않았던 내용이었기에 설명하기 어려울 뿐이다.

따라서 문법은 자연스럽게 익히는 것이 최선이다. 학창 시절 영문법을 공부하는 것은 정말 싫었다. 이 문장에서 밑줄 친 that의 용법은 무엇인지를 파악해야 할 때마다 마치 언어학자가 된 기분이었다. 완료 시제는 한국어 문법에도 없는 내용이라 이해하는데 정말 오랜 시간이 걸렸다.

관계대명사로 인해 문장이 길어져 해석이 난감한 경우에는 그렇게 짜증이 날 수가 없었다. 그래서 문법이 나올 때마다 암기로 대응했고 시험이 끝나면 잊어버리기를 반복했다.

그렇게 평생 나는 영문법과 관련이 없을 줄만 알았다. 한국에서 사는데 한국어만 잘하면 된다는 생각이었다. 하지만 기회는 우연히 오는 법이다. 호떡으로 외국인 친구들과 친해질 수 있었다. 문제는 그 다음이었다. 내 생각을 풍부하게 말하고 싶어도 말하는 방법을 잘 몰랐다. 내가 인생을 살면서 재밌었던 순간에 대해 친구들에게 말해줄 때 더욱 자세히 설명하고 싶었다. 하지만 문법을 등한시했던 결과가 지금 돌아오는 것 같아 매우 답답했다.

결국 전부 표현하지 못한 채로 대화를 끝내야만 했다. 그 감정을 똑똑히 가슴속에 새겨 넣었다. 그들과 헤어진 후 도서관으로 찾아가 『Grammar in Use』라는 책을 대출했다. 학창 시절 담임 선생님에게 추천받은 책이지만 그 당시엔 흘려듣고 말았다. 그러나 방금 전에 느꼈던 감정이 머릿속 한편에서 잠들고 있던 기억을 끄집어냈다. 여기서 설명은 사용 목적에 대한 것만 보았

고 책에 나오는 문장을 암기하기 시작했다. 매일매일 공부하면 금방 포기할 것이 분명했으므로 어떻게 표현하는지 궁금할 때만 찾아보았다. 그렇게 한 달 정도 계속 같은 문장만 접하니 어느새 문법에 대해 거부감이 줄어들게 되었다. 다음에 친구들을 만난다면 꼭 이 표현을 써보자는 다짐을 했고 실제로 자연스럽게 말이 나오게 되었다.

지금도 나는 필요성을 느낀 공부가 진짜 공부로 이어진다고 생각한다. 단순히 문법을 정복해야지 보단 왜 원어민들은 이렇게 표현할까에 집중하길 바란다. 그리고 묻지도 따지지도 않고 문장을 외우자. 한국인들도 문법 생각하지 않고 말하는 것처럼 외국인들도 같은 상황임은 너무나 자명하다.

또한 세상에는 다양한 나라가 있고, 사람이 있고, 문화가 있다. 미국 사람만 영어를 하라는 법은 없다. 인도에서도 하고, 아

프리카 북동부 소말리아 해적도 영어를 한다. 전 세계 모든 사람이 똑같이 미국 혹은 영국 원어민 발음을 구사하기란 매우 어렵다. 한국어 발음이라도 먼저 자신의 실력부터 쌓아 올리자. 얼마나 말이 유창한지는 보너스이기 때문이다.

영어 공부의
골든타임은
지금이다

01

불편함을 느껴야
변화가
시작된다

고등학교 입학 직후에 있었던 일이다. 당시 예비 고등학생이 었던 나는 3년간 동거동락했던 학원을 그만두었다. 원래 나는 고등학생이 돼도 친구들과 함께 학원을 다닐 생각이었다. 하지만 하나둘씩 학원을 떠나기 시작하더니 결국 나만 남게 되었다.

어느 날 수업이 끝난 이후 원장 선생님이 나를 불렀다. 고등

학생이 되면 다른 반 학생들과 함께 수업을 할 것이라는 것이었다. 하지만 친구들이 더 이상 없는 마당에 굳이 학원을 다닐 이유는 없었다.

또한 우리 고등학교는 학생들에게 밤 9시까지 야간자율학습을 시켰다. 몇몇 친구는 학원에 가야 한다는 이유로 야자를 빼려 했지만 예체능 진학 학생이 아니면 받아주지 않았다. 덧붙여 학원에 어떻게든 가고 싶다면 하교 후 가라고 하셨다. 사실상 학원을 그만두라는 것이었다.

결국 학원을 포기하고 혼자 공부하는 데 익숙해지도록 노력했다. 처음 한 주간은 공부대신 오랫동안 앉아 집중하는 연습을 했다. 그렇게 해야 저녁식사시간 이후 졸지 않고 맑은 정신으로 공부할 수 있다고 믿었다. 다음 한 주간은 오늘 학교에서 배운 내용을 복습하고 문제 풀이에 집중했다.

2주가 지나니 어느 정도 야자에 익숙해졌다. 그러자 이번엔 다른 것이 눈에 들어왔다. 반에서 공부 잘한다는 친구들이 저녁 식사 시간만 되면 가방도 없이 어디론가 사라지고 없다는 점이었다. 학교에서는 한 명이라도 더 야간자율학습에 붙잡아두려고 혈안이 되어 있었다. 그런데 상위권 학생들에게는 야자를 빼줄 이유가 더 없기 마련이다. 그래서 옆자리 친구에게 물어보았다. 그랬더니 공부를 잘 하는 친구들은 향학실이라는 곳에서 따로 자습을 시킨다는 것이었다.

향학실에 소속된 학생들은 교실의 어수선한 분위기를 극도로 싫어했기 때문에 어떻게든 그곳에 머물기 위해 끊임없이 공부했다. 또한 자기들끼리만 모의고사 정보와 중간고사 정보, 그리고 생활기록부 관리 팁을 공유했다. 학교 선생님들도 은근히 그들에게 좋은 정보와 상을 몰아주는 태도가 만연했다. 학교에서 공부 잘하는 학생들을 대놓고 차별하는 셈이었다. 그러나 나는

크게 상관없었다. 오히려 짜증이 나는 것은 내가 향학실에 소속되지 못했다는 점이었다.

중학교 선생님들에 의하면 우리 학교는 공부 잘하는 학생들이 많이 간다고 했다. 그래도 공부로는 꿇리지 않을 정도라고 생각해 의기양양했다. 하지만 직접 그들과 함께 공부해보니 나는 우물 안 개구리였던 셈이다. 상위권에는 과학고, 영재고, 자사고 준비하다 떨어진 친구들이 한 트럭이었다. 또한 그들과 같이 듣는 심화 수업에 도저히 따라갈 수 없었다. 세상에는 나보다 더욱 뛰어난 친구들이 많음을 보고 힘이 빠졌다. 그때부터 빨리 향학실에 소속되지 않으면 그들과 조금씩 차이가 날 것임이 자명했기 때문이다.

3월 말, 9시에 귀가하는 것이 불편했다. 학교에서는 열심히 공부할 수 있었지만 집에 오면 긴장이 풀려 집중하지 못했다.

그래서 교실에 추가적으로 남아 있고 싶었다. 하지만 야자 시간이 끝나면 칼같이 교실 문을 잠갔다. 내가 당번인 날에는 늦게 잠그려 해도 수위 아저씨가 빨리 나오라고 소리쳤다. 2주간을 괴롭힌 불편한 진실은 나를 미치게 만들었다. 그리고 그때 변화가 시작되었다.

나는 같은 중학교 출신 친구들과 함께 급식을 먹었다. 고등학생이 되자 모두 다른 반으로 흩어졌다. 그 중에 한 친구가 모두에게 이런 이야기를 꺼냈다.

"내 담임 선생님이 나보고 12시까지 공부하라고 자꾸 시킨다. 나는 집에 빨리 가고 싶은데 강제로 나를 그렇게 몰아붙이니 피곤하네."

보통은 위로를 해주는 것이 맞지만 나는 좋은 기회일지도 모

른다는 생각이 들었다. 그래서 계속 대화를 이어나갔다.

"어디서 자습을 하라고 시키는데?"

"몰라, 3학년 교실에서 하라던데. 자기 아는 선생님한테 말해 가지고 내 며칠 전부터 거기서 공부하고 있다. 그나마 10시까지만 하라고 해서 10시 되면 바로 간다."

"그렇나? 힘들겠네. 근데 나 그 얘기에 관심 있는데, 너희 반 담임 선생님한테 말씀드려서 같이 공부해도 되나?"

"네가 말해봐. 난 신경 안 쓴다."

다음 날 담임 선생님을 찾아가 사정을 이야기했다. 말하는 내 내 떨렸지만 다행히 담임 선생님이 나를 기특하게 여겼다. 바로 친구 담임 선생님에게 나를 데려가셨고 그 길로 그분과 함께 3학년 담임 선생님을 찾아갔다. 3학년 선생님도 오늘부터 9시 이후에 자기 반으로 오라고 흔쾌히 허락하셨다. 지금 생각하면 1

학년 학생이 3학년 선배들과 함께 공부한다니 제정신은 아니었지만 당시 나는 너무나 공부를 하고 싶었다. 장소만 제공이 된다면 옆에 어느 누가 있더라도 불편하지 않았다.

그날 밤 야간자율학습이 끝났다. 처음 선배들이 나를 보고 어떻게 대할지 두려웠다. 괜히 말을 꺼냈다는 후회가 생기게 되었다. 엎질러진 물이라 생각하여 교실을 찾아가야만 했다. 예상과는 다르게 아무 관심이 없었다. 오히려 1학년 학생이 온다는 말에 담임 선생님이 반 학생들에게 엄격히 주의를 준 모양이었다. 향학실 학생들보다 오래 공부할 수 있었기에 불만 없이 공부했다. 비가 오나 태풍이 오나 한 번도 빠지지 않고 계속 나갔다. 한 달 정도 성실히 출석하니 3학년 부장선생님이 나를 야간자율학습 출석부 명단에 기록하셨다. 드디어 내가 인정을 받게 되었다는 생각에 안도했다. 다른 선생님들도 공부 잘하라고 조언도 많이 해주셨다.

여름 방학이 다가오기 전 부장선생님을 찾아갔다. 방학기간에도 자율학습을 계속 희망했고 말씀드렸다. 흔쾌히 허락하시며 토요일에도 나와서 공부할 것인지 물으셨다. 전혀 예상하지 못한 제안이었지만 집에서 공부하는 것보단 낫다고 생각했다. 또한 방학에는 학기보다 각오가 풀어질 시기라 판단했기 때문에 이 기회를 잘 활용하고자 했다. 그렇게 나는 토요일에도 3학년 선배들과 함께 공부할 수 있게 되었다. 그리고 이때 서서히 성적이 오르는 것이 보였다. 그럼에도 불구하고 아직까지 향학실에 들어갈 성적에는 미치지 못했다.

1학기 동안 열심히 달렸다고 생각했지만 성과가 보이지 않아 실망했다. 나만 공부하는 것이 아니라 향학실 학생들 또한 보이지 않는 곳에서 공부하기 마련이다. 그 사실을 모른 채 성적이 오르지 않는다고 한탄하고 있었다. 그만둘까 생각하다가도 처음 이 교실을 오기까지 과정을 생각하면 포기할 수 없었다.

또한 내가 그만두면 나를 가만둘 선생님들이 아니었다. 하루는 토요일 자습에 늦게 출석했는데 당시 감독 선생님이 나를 혹독하게 나무라셨다. 아무리 1학년 학생이어도 3학년 교실에서 함께 공부하므로 선배들 앞에서 예의를 지키라는 것이었다. 처음엔 혼났다는 생각에 언짢았지만 돌이켜 생각해보면 내 행동이 엇나가지 않도록 바로 잡아준 것이었다.

이후 수능이 일주일 전으로 다가왔다. 컨디션 조절을 위해 오늘부터 야자를 10시까지 단축 운영한다고 하셨다. 일년동안 함께 공부했던 선배들이 곧 떠난다는 생각에 아쉬웠다. 특히 나를 잘 챙겨주셨던 형에게 찾아가 수능 응원도 했다. 한편으로 도중에 이탈하지 않고 끝까지 마라톤을 완주할 수 있었다는 생각에 뿌듯했다. 수능이 끝나고 향학실 신규 선발 인원에 내 이름이 호명되었다. 1년간 그토록 원했던 목표가 실현되는 순간이었다.

지금까지 학창시절 나의 고군분투를 간략히 소개하였다. 영어 공부도 마찬가지로 공부하다 보면 언젠가 막히는 시점이 올 것이다. 그때 불현듯 찾아오는 불편함을 환영하자. 그리고 목표를 달성한 순간을 떠올려보자. 자신도 모르게 변화의 씨앗이 싹트고 있을 것이다.

02

영어를 통해
인생의 제2장을
준비하라

2012년 7월 유튜브에 뮤직비디오 하나가 올라왔다. 당시 프로듀서와 아티스트 모두 크게 성공할 것이라 생각하지 않았다고 한다. 그러나 유튜브의 알고리즘이 수십 억 조회 수를 낳았다. 사람들은 동영상에 나온 춤을 따라 했고, 그 모습을 담은 영상이 우후죽순 새로 게시되었다. 그리고 사람들은 이를 보며 더 많은 사람들이 관심을 갖게 되었다. 영상의 이름은 한류의 모습

을 완전히 바꿨던 싸이의 강남스타일이다. 이 일로 그는 단숨에 월드스타 반열에 올라서게 되었다. 이후 그는 전 세계를 돌며 강연과 콘서트를 진행 중에 있다.

여기서 중요한 점은 강남스타일이 한국에서만 유명했다면 이 정도로 크게 성장할 수 있었을까? 이렇게까지 크게 성장할 수 있었던 비결에는 영어의 힘이 있었다. 2012년 한국에선 약 4,000만 조회수를 기록한 반면, 미국은 1억 5,000만 조회 수를 기록하였다. 또한 싸이의 인터뷰 중 '한국 시장만을 공략한 노래이고 한국 사람들을 위해 유튜브에 올렸을 뿐인데 60일 뒤에 여기에 있다.'라는 말이 있다. 무수히 많은 해외 팬들을 위해 어쩔 수 없이 해외로 활동 영역을 넓힐 수밖에 없었다. 미국, 호주, 캐나다를 넘어 프랑스, 독일, 중국 등 다양한 나라에서 무대를 펼쳤다. 강남스타일 영상 하나가 그를 월드스타로 만들어주었다. 이를 계기로 한류 열풍이 본격적으로 시작되었다.

유튜브 공개 후 1,000만 조회수를 찍었을 때의 일이다. 당시 CNN에서 강남스타일에 대한 보도를 내보낸 뒤 일일 조회 수가 상승하기 시작했다. 7,000만 뷰를 찍을 즈음에는 하루에 500만 건의 조회 수가 늘어났다. 1억 2,000만 뷰를 찍고는 하루에 1,000만 가까이 올라가게 되었다. 시간이 지나면 지날수록 그의 영상은 유명해졌고, 결국 유튜브 최초 10억 뷰를 달성한 영상으로 기록되었다.

어학원을 다녔을 때 선생님에게 들었던 이야기다. 6년 전 20대 후반으로 보이는 남자가 학원에 찾아와 강의를 등록했다. 그는 당시 모 대형호텔에서 요리사로 근무하고 있었다고 말했다. 그는 대학에서 양식을 전공했지만 실제 배정받은 업무는 한식이었다고 한다. 초창기에는 양식도 만들 수 있고, 한식도 만들게 됐으니 일석이조라고 생각해 열심히 일했다고 한다. 그러나 시간이 지날수록 업무 강도와 더불어 윗선에서의 압박이 심해

졌다고 했다. 동시에 한식을 만드는 과정에 점점 흥미를 잃게 되었다고 한다. 본인이 만들고 싶었던 양식을 제대로 만들어보기 위해 과감히 유학행을 결심했다.

그의 간절한 마음이 진실로 통했던 걸까? 영어를 하나도 모르던 사람이 6개월 만에 호주로 유학을 가게 되었다. 출국 전, 그는 스승을 마지막으로 찾아 뵀다. 감사 인사와 함께 이번에는 2년 후 양식 레스토랑에서 일하거나 자신의 가게를 하나 차릴 것이라 했다. 그리고 2년 뒤 어느 날 그는 성공적으로 레스토랑에서 근무하고 있는 사진을 전해왔다. 영어로 인해 그토록 원하던 요리를 하며 살고 있으니 매우 만족한다고 한다.

영어를 공부하면 세상을 넓게 볼 수 있는 기회가 생긴다. 여행을 떠날 때 현지인들과 대화가 통하지 않더라도 영어로 말하면서 추억을 만들 수 있고, 그 나라의 생활도 간접적으로 체험

할 수 있다. 한 조사에 따르면, 영어를 주요 언어로 사용하는 사람의 수는 약 12~13억 정도에 달한다고 한다. 대략 중국의 인구와 맞먹는 정도다. 따라서 충분히 영어를 해도 대화가 통할 가능성이 높다. 또한 내가 궁금한 정보가 생기면 직접 영어로 찾아보면 된다. 실제로 2020년 기준 온라인에서 사용되는 언어에서 영어가 차지하는 비중이 무려 60%에 달하는 조사 결과가 있다. 무려 절반 이상의 정보가 영어로 생성되는 현실로 볼 때 한국어로 번역된 자료를 찾기 전에 영어로 찾아보는 것이 좋다. 왜냐하면 영어로 생성되는 정보가 한국어로 생성되는 정보보다 압도적으로 많기 때문이다.

2년 만에 3개 국어 능력자가 된 서동희 작가의 『히라가나도 모르던 일알못은 어떻게 90일 만에 일본어 천재가 되었을까』에 따르면, 사회에서 성공이라고 인정하는 것들을 신경 쓰지 않고 자신이 생각했을 때 성공이라고 생각하는 기준으로 살아가는

것이 자존감이라고 했다. 나를 믿고 주체적으로 결정한 행동에
후회 없이 최선을 다하면 그것이 곧 자존감이 되는 것이다.

나 또한 오랜 기간 시험 영어에 매달리며 살아왔었다. 왜 시
험을 잘 쳐야 하는지도 모른 채 단순히 공부하라고 해서 수동적
으로 공부만 했었다. 그러다 문법에서 결국 무너지고 말았다.
토플 공부에서도 넘어질 뻔했다. 하지만 내가 스스로 선택한 길
에선 넘어지고 싶어도 넘어질 수가 없었다. 영어, 포기하지 않
고 열심히 달렸더니 좋은 성과를 낼 수 있었다.

부산대학교에 와서도 더 많은 외국인들과 친하게 지낼 수 있
었다. 이후 그들과 더 친해지고 싶어서 듣기와 회화 연습을 더
욱 열심히 공부했다. 남들은 대학 졸업하면 결국 헤어지고 말건
데 왜 그렇게 하냐고 물었다. 하지만 지난 20년 간 사회의 기준
에 맞춰 수동적인 공부를 했으니 이제는 내가 원하는 공부를 할

때도 되지 않았을까? 코로나가 끝나고 완전한 일상회복이 되면 교환학생으로 갈 수도 있고, 워킹홀리데이나 어학연수도 자유롭게 떠날 수 있을 것이다. 미래의 나는 어떤 결정을 내릴지 모르기 때문에 지금 준비해둘 것이다.

시대의 혁신 아이콘이라 불렸던 스티브 잡스의 경우를 떠올려보자. 그는 자신이 다니던 리드 대학을 1학기 다니고 자퇴했다. 양부모님이 평생 동안 저축한 돈을 몽땅 자신의 등록금으로 쏟아부을 수는 없다는 결론을 내렸기 때문이었다. 그러나 자퇴 이후에도 캘리그라피를 향한 마음에는 사그라들지 않았다. 이후 청강생 신분으로 캘리그라피를 배우기 시작했다. 이때의 지식이 10년 후 매킨토시 컴퓨터를 설계할 때 아주 유용하게 사용되었다. 하지만 그가 언제나 꽃길을 걷지만은 않았다. 경영진과 자신의 미래 비전이 달라지기 시작한 것이었다. 이사회의 결정으로 그는 자신이 만들었던 회사에서 쫓겨났지만, 1998년 다시

복귀했다. 그리고 모두 알다시피 아이팟, 맥북, 아이폰이 등장했다. 혁명의 유산은 현재 애플을 1등 기업으로 만들어놓았다.

스티브 잡스가 캘리그라피를 배운 것이 인생에 어떻게 활용이 될지 알 수 있었을까? 그는 단지 독특한 글씨체에 호기심이 생겨 청강을 한 것으로 알려져 있다. 당시에는 그것이 미래에 어떤 결과를 낳을지 모른 채. 만약 그가 디자인 수업을 듣지 않았다면 지금의 애플은 있었을까? 인생의 점을 찍는 것은 중요하다.

그 점이 지금 현재로서는 그 자리 그대로 있는 것처럼 보인다. 하지만 인생 전체를 조망하면 앞에서의 경험이 어떤 식으로든 쓰이게 된다는 사실을 알 수 있다. 영어도 마찬가지다. 지금 당장 배워놓아도 바로 쓰이지 않을 수 있다. 그러나 영어가 우리 인생에게 차지하는 비중이 점점 올라가는 사실을 알고 나면

그것이 어떤 식으로든 미래에 쓰게 될 것이다. 그때 찾아오는 기회를 받아들이기 위해 영어를 미리 준비하라. 유비무환이다.

인생에 늦은 나이란 없다. 해인 작가의 『중년 이후에 깨달은 내 인생의 소중한 것들』에는 다음과 같은 구절이 있다. "이 세상에 늦은 나이는 없고 늦은 마음만 있을 뿐이다. 사람들은 나이가 들면 쉽게 내려놓으려는 경향이 있다. 하지만 나는 내려놓을 수도 포기할 수도 없다. 하고 싶은 것, 해야 할 것들이 너무나 많다. 그래서 절대 포기하지 않을 것이다." 우리는 새장 안에 갇힌 존재가 아니다. 우리 밖으로 나와 저 드넓은 세상을 향해 날갯짓을 하는 잠재력을 가진 존재다.

나이가 많다고 해서 인간의 본능마저 사라지는 것은 아니다. 세상을 어떻게 바라보고 마음을 어떻게 먹느냐에 달렸다. 청년이든 노인이든 익숙한 삶을 벗어나 새로운 도전을 시도하는 것,

그 자체로 박수 받을 일이다. 영어를 통해 지금보다 더 넓은 세상을 바라볼 수 있다면, 더 높은 자신감을 가질 수 있다면 어떤가? 새로운 목표를 가질 수 있고, 세상을 더 크게 바라볼 수 있다. 어떤 이는 제2의 직업을 찾을 지도 모른다. 또 어떤 이는 진정한 자신을 발견할 수도 있다.

나는 영어 공부를 통해 미국 주식에 투자한다

미국 주식에 눈을 뜨게 된 것은 1학년 겨울방학 때였다. 처음 자취를 생각했을 때보다 훨씬 많은 돈이 필요하게 되었다. 근로 장학생으로 버는 수입은 모조리 월세 비용으로 빠져나갔다. 다른 아르바이트는 하지 않았으므로 생활비는 어쩔 수 없이 빚으로 충당할 수밖에 없었다. 전역 이후에도 부모님의 용돈으로 살아가는 것은 내 체면을 구기는 일이므로 더 이상 요구하지 않았

다. 어떻게든 지출을 아끼며 하루하루를 굶주림으로부터 버텨야만 했다.

아침은 식당 조식으로 해결하는 것이 가장 좋았다. 그러나 방학기간에는 조식을 운영하지 않았다. 그래서 최대한 늦게 일어나거나 라면으로 끼니를 해결했다. 자취방 근처 월요일 저녁마다 반찬을 무료로 나눠주는 행사에 꼬박꼬박 참여했다. 주말에는 교회 밥도 먹고 지친 몸을 위로하는 시간을 가졌다. 그래도 배가 고팠다. 만성적인 허기로 청소나 공부는 물론 잠도 제대로 자지 못했다. '아직 나는 젊으니까!' 하고 버티기엔 몸도 마음도 지쳐갔다. 돈이 없으니 자신감도 위축되고 점점 비굴해져가는 내 모습이 보였다.

이대로는 안 되겠다 싶어 도서관에 무작정 방문했다. 책 속에 길이 있다는 진리를 믿은 채로. 군 복무 중 너무나 힘든 상황이

오면 진중문고만 읽었다. 내 인생은 왜 이렇게 꼬였을까. 정말 이 상황을 타개할 방법은 없을까. 질문에 답을 찾아가는 방식으로 책을 읽으니 금방 안정을 찾았다. 몇몇 경우는 운이 좋게도 책에서 얻은 노하우를 통해 문제가 해결되었다. 이번에도 책을 통해 답답한 마음을 풀고 싶었다. 그런 믿음조차 없다면 정말 미쳐버릴 지경이었기 때문이다.

지금 생각해도 황당한 발상이었다. 사서에게 현재 나의 상황을 이야기하고 어떤 책을 읽어야 할지 추천을 부탁했다. 하지만 그 분은 내 마음을 최대한 헤아려주셨다. 그러고는 내 고민이 해결될 수 있도록 추천 도서도 몇 권 정도 뽑아주셨다.

대부분 마음가짐에 관한 서적이었지만 의외로 재테크 관련 책도 있었다. "학생, 지금은 일정한 수입이 없어 힘들겠지만 금융에 관한 공부는 꼭 하셔야 합니다."라고 덧붙이셨다.

그 말에 홀리듯 바로 주식, 비트코인, 부동산, 창업, NFT 등 재테크 서가로 달려갔다. 사서에게 받은 지혜를 바로 적립하고 싶었고 지금이 아니면 영영 돌아오지 않을 기회를 놓치고 싶지 않았다. 극한의 상황에 있기에 지식을 빠르게 습득할 수 있을 것만 같았다. 나와 같은 고민을 먼저 했던 사람들이 전해주는 이야기는 어떤 것이 있을지 궁금했다.

하지만 어떤 책을 가장 먼저 읽어야 할지 고민이었다. 아무리 절박한 상황에 있다고 한들 우선순위라는 것이 존재하는 법이다. 당장 내일 하루 동안 굶을지도 모르는 사람에게 부동산을 사라고 권유할 수는 없는 노릇이다. 마찬가지로 정말 영어 공부하고 싶은 사람에게 스페인어 공부법을 보라고 할 수도 없다. 가장 급한 불을 끄는 것이 우선이었다. 그렇지만 금융 공부는 꼭 하고 싶었다. 두 마리 토끼를 한 번에 다 잡는 것은 어렵지만 해야만 했다.

그때 내 앞쪽 서가에 있던 사람이 미국 주식 책을 꺼내드는 것을 보았다. 그리고 원하는 책을 꺼내들었던 것인지 곧장 대출 기계로 향했다. 아무 생각 없이 그 자리 그대로 가보았다. 내가 생각하는 것보다 미국 주식에 관한 책이 많이 꽂혀 있었다. 아무래도 세상에서 가장 강력한 나라다 보니 당연히 많은 사람들이 미국에 투자하려 할 것이다. 미국은 절대 망하지 않는다는 믿음과 함께. 마침 영어 공부도 하고 있어 망설이지 않고 미국 주식으로 선택했다.

미국 기업에 투자하기 위해선 그 회사가 무엇을 하는 회사인지 알아야 하니 영어를 쓸 수밖에 없다. 모르는 표현이나 단어가 나오면 이 또한 학습이 될 것이니 기뻤다. 충분한 고민 끝에 내린 판단으로 주식을 매수하고 돈을 벌면 당연히 내 상황도 나아질 것이니 일석이조였다. 그래서 책 한 권을 꺼내들었다. 되도록 초보자도 쉽게 이해할 수 있는 책인지 아닌지 기준으로 골

랐다.

하지만 실제로 내 돈으로 투자하지 않고선 죽은 지식으로 남을 것이 뻔했다. 이 지긋지긋한 상황을 벗어나기 위해선 돈을 굴리는 방법을 하루빨리 터득할 필요가 있었다. 비록 소액투자였지만 충분히 만족할 수 있는 현 상황에 감사해야 했다. 지금은 주식 투자에 친숙해지는 단계라고 판단하여 가볍게 투자하기로 다짐했다.

우선 투자할 기업을 찾아야 했다. 이를 위해 결제 내역, 영수증, 자주 찾는 사이트 등 과거 나의 활동을 돌아보았다. 예를 들어 지난 한달 간 카드 결제 내역에 맥도날드가 찍혀 있다면 그 당시의 기억과 상황을 떠올려보는 것이다. 이후 내가 앉았던 자리에서 시작하여 천천히 시점을 바깥으로 확대시키는 것이다. 주문했던 햄버거 세트는 괜찮았는지, 매장에 손님은 많았는

지, 가격은 괜찮은지, 매장은 유동 인구가 많은 곳에 입점해 있는지 종합적으로 고려한다.

이 과정에서 마음에든 기업이 나타난다면 본격적으로 회사 구조에 대해 파악해야 한다. 예시로 든 맥도날드의 경우 매출액, 순이익, 점유율 등 경제적으로 탄탄한 배경이 있는지 본다. 다음으로 어떤 방식으로 수익을 내는지도 파악한다. 햄버거 판매와 더불어 프랜차이즈 로열티로 수익을 내고 있었다. 마지막으로 경영자의 이념 혹은 철학을 통해 자부심과 미래의 모습도 그려낼 수 있어야 한다.

모든 판단 과정이 끝났다면 실제로 투자하자. 예시로 나는 3M 회사에 투자했다. 필수소비재 기업 특성상 수요가 안 생길 수 없는 기업이라 판단했다. 연필, 스카치테이프, 포스트잇, 노트, 장갑 등 우리 제품은 어디에서 있다는 자부심도 있었고 점

유율도 매우 높아 안정적인 수익을 낼 환경이 마련되었다. 따라서 과감하게 투자해 수익도 만들 수 있었다. 소액 투자였고 처음이었지만 4달러 수익을 확정했을 때 그렇게 기쁠 수가 없었다.

만약 마음에 드는 기업이 없거나 무슨 기업을 골라야 할지 모르겠다면 미국 전체에 투자하는 ETF인 VTI를 추천한다. 2022년 6월 기준으로 인플레이션 문제를 해소하기 위해 연준이 금리 인상을 추진하고 있어 투자 심리가 극도로 위축되고 있다. 하지만 지금의 하락은 역사적으로 볼 때 언제나 좋은 매수 기회였다. 김정균 전 SK텔레콤 T1팀의 감독의 말처럼 미국 시장은 부진은 있어도 몰락은 없기 때문이다.

미국 주식에 투자해보면서 느낀 점은 영어를 잘한다면, 아니 자신감만 있다면 한국뿐 아니라 전 세계에서 기회를 발견할 수

있다는 점이다. 비록 미국 기업의 정보가 영어로 쓰여 있어 따로 영어 공부를 해야 한다고 느끼기 쉽다. 그러나 돈을 벌기 위한 활동의 일환으로 생각하면 공부가 그렇게 즐거울 수 없다. 영어 한번 배워놓으면 앞으로도 무수히 많은 기업이 세계의 미래를 바꿔놓을 것이고, 우리는 그 회사에 투자할 기회를 얻을 수 있을 것이다.

내 몸값을 높여주는
최고의 도구는
바로 영어다

최재봉 저자의 『애로우 잉글리시로 몸값을 올려라』에는 이런

내용이 나온다. "미국과 FTA 체결 이후 영어 때문에 당장 코앞

에 심각한 문제들을 당면한 이들을 적잖이 만났다. 회사가 외

국계 회사로 매각이 되어 영어를 하지 못하면 실직된 위기에 놓

인 사람, 의료관광 외국인들을 맞이해야 할 의사와 간호사, 해

외 건설 시장을 진출하기 위해 영어로 의사소통을 요구받는 노

동자들이 주인공이다. 참으로 안타깝다. 영어 못하는 것은 죄인 세상이다."

지금은 이 책이 출간된 지 15년이 지났다. 그때보다 영어의 중요성은 더욱 커졌고, 앞으로도 줄어들 일은 없을 것이다. 저자 말대로 영어 못하면 죄인인 세상이다. 하지만 영어를 할 줄 알면 한국에서 기회가 열린다. 세계화 속도가 더 빨라지고 있기 때문이다. 2022년 코로나로 인한 봉쇄가 속속들이 해제되고 있는 가운데 여행 수요가 폭발적으로 늘어나고 있다. 항공사, 교통수단, 음식점, 숙소, 관광명소, 쇼핑센터 어디든 코로나 이전보다 더 많이 그들이 방문하게 될 것이다. 영어를 할 수 있다면 잠재적인 세일 포인트가 생기게 될 것이다.

더 많은 외국인들이 한국을 방문하고 살아갈 것이다. 이미 방송에서 외국인 출연자가 나오더라도 거부감 없이 받아들이고

있다. 버스를 타다가도 외국인을 보면 아무런 느낌이 들지 않는다. 음식점에서 아르바이트 하고 있는 외국인 유학생들도 한국어는 기본에 영어나 중국어까지 할 수 있다. 우리도 모르는 사이에 그들은 삶의 일상에 크게 동화되고 있었다.

가만히 있으면 뒤로 밀리는 시대다. 시대의 요구는 점점 더 커질 것이다. 예전에는 토익 700점이면 기업 지원이 가능했다면 요즘은 토익도 취급하지 않는 기업이 늘어나고 있다. 토익이 영어 실력이 크게 상관없다는 것을 깨닫게 되었기 때문이다. 요즘은 토익에 토익 스피킹, Opic 점수도 요구받는다. 사내에서 자체적으로 시험을 치는 경우도 있다. 영어를 이용한 분야가 가면 갈수록 진화되고 있는 실정이다.

예전에는 한국에 없었던 유튜브가 요즘은 모르면 간첩 소리를 들을 정도로 우리 삶에 큰 비중을 차지하고 있다. 어느 날 여

러분들이 자주 보는 유튜버가 갑자기 아랍어로 영상을 올리기 시작했다고 가정하자. 한국인 수요는 확 줄고 떠난 자리에 아랍어 구사자들이 그곳을 메울 것이다. 며칠 뒤 이번에는 아랍어 이외에도 영어 자막도 함께 만들어 올렸다고 하자. 유튜버가 하는 말은 알아들을 수 없지만 영상 이해에는 아무런 제약이 없다. 급속도로 구독자가 늘기 시작한다. 이후 영어로 만든 영상을 찍어 올리면 그 속도는 배로 올라가게 된다.

실제로 2017년 국내에서 100만 구독자를 보유한 유튜버가 있었다. 국내에서 여러 가지 실험과 콘텐츠로 10대들에게 인기를 끌던 그는 어느 날 콘텐츠 고갈로 인한 스트레스를 이유로 돌연 잠적했고, 그의 채널에 있는 동영상은 대부분이 비공개 혹은 삭제처리 되었다. 이후 영어로 자신의 관심 분야인 음악 채널로 대중들 앞에서 모습을 드러냈다. 곧 전 세계 사람들이 그의 채널을 구독하기 시작해 1년 만에 500만 구독자를 달성했다.

2022년 현재 800만 명에 달하는 등, 과거에 비해 어마어마한 속도로 구독자들을 끌어 모으고 있다.

EBS 영어영역 강사로 활동하고 있는 정승익 저자의 책 『영어 1등급은 이렇게 공부한다』에서도 밝히고 있다. "이것은 '영어의 힘'을 보여주는 사례다. 그가 동영상에서 사용하는 영어의 수준이 그렇게 높지 않다. 문법을 틀리고 단어를 적절하게 사용하지 못하는 것은 시험 영어에 익숙한 우리에게는 지적받을 일이다. 그러나 외국인이 볼 때는 말만 통하면 되기 때문에 문제가 될 것이 없다. 실제로 그가 올린 영상에 달린 댓글을 보면 부족한 영어 실력에 대해 비난하는 외국인의 댓글은 없다. 외국인들은 그의 말을 알아듣고 궁금한 내용들을 영어 댓글로 남긴다. 1년 만에 500만이 넘는 구독자를 보유한 사례는 과거에 없었고, 앞으로도 기록이 깨지기란 요원해 보인다. 이는 '영어의 힘'을 보여주는 해프닝으로 오래 회자될 것이다." 영어를 사용하느냐 안

하느냐에 따라 유튜버와 채널의 '몸집'이 달라진다. 국내 채널로도 대형 유튜버가 될 수 있다. 그러나 영어를 사용한 채널은 더 빨리 더 크게 성장할 여력이 있다.

나 또한 영어를 통해 많은 사람들을 만나볼 수 있게 되었다. 대학을 다니면서 수많은 외국인 친구들과 함께 부산 관광을 다녀왔으며, 이로 인해 안내는 영어로도 할 수 있을 정도로 성장했다. 해운대 광안리 송정 다대포 등 바다 먼저 소개해주었다. 친구들 중에는 내륙 국가에서 온 친구들이 상당히 많았기 때문이었다. 처음 그들이 바다를 본 순간 지었던 표정과 감정은 아직도 잊을 수가 없다. 내가 그들에게 새로운 세상을 선물해준 느낌이었다.

또한 영어를 사용해 유학생들을 가르치는 튜터링도 해보았다. 처음에는 한국어로도 이해하기 어려웠던 전공 수업을 영어

로 가르쳐야 하는 입장이 되어 괴로웠다. 과연 내가 튜티를 이해시킬 수 있을까? 그 전에 말은 잘 나올까? 고민할 시간 없이 쉬운 단어로만 설명을 했다. 다행히 쉬운 단어라서 더욱 이해가 잘됐다는 튜티의 말을 들으면 괜히 으쓱해진다. 학기 말 보고서 정산을 통해 상위 5팀에 들게 되는 영광을 누렸다. 학교로부터 공식적으로 우수 튜터로 인정받은 순간이었다.

영어와 중국어를 사용하는 유학생 친구들과 함께 부산관광 홍보전에 참가했다. 위 두 경험을 십분 활용하여 다가올 코로나 이후의 부산을 방문할 외국인 대상으로 프로젝트를 짰다. 편집을 처음으로 해봤을 때 많이 헤맸다. 그래서 유튜브로 편집 기초를 배워나갔다. 영어 자막을 붙이고 최종 제출했다. 아쉽게도 수상은 하지 못했지만, 만든 영상을 유튜브에 올려보니 처음치고는 4자리 수의 조회 수를 기록해 좋은 경험으로 남았다. 영어를 사용하지 않고 한국어로만 영상을 만들었다면 알고리즘을

타지 않는 한 세 자리 수의 조회 수도 달성하지 못했을 것이라 생각한다. 이렇게 몸으로 직접 영어를 배우고 난 경험을 통해 지금 책까지 쓰고 있다.

영어를 잘하는 사람이라면 학업, 취직, 소통, 국방, 문화 등 어디서나 우대받는다. 그만큼 영어가 가진 힘은 오늘날에도 막강한 법이다. 현대인의 삶에서 영어가 차지하는 비중은 3분의 2보다 높다고 해도 과언이 아니다. 영어를 잘 못한다면 엄청난 어드밴티지를 포기하며 살아야 한다. 괜히 어릴 때부터 조기 유학을 보내는 것이 아니다. 그만큼 한국 사회를 포함하여 전 세계에서 영어는 필수라는 인식이 사람들에게 뿌리내렸기 때문이다.

여러분들에게도 기회는 열려 있다. 완벽한 한국어를 구사하기도 어려운데, 영어까지 배웠으면 인생에 도움이 되는 방향으

로 써먹어볼 필요가 있지 않을까? 기회는 멀리서 찾을 필요 없이 가까이 있는 곳에서 찾아보자. 분명 무심코 흘려보냈던 순간에서 일발역전의 기회를 발견할 수 있을 것이다.

KB066426